자유로운 영혼의 삶

WITCHCRAFT
위치크래프트

소개하는 글

마녀는 단지 여성만을 지칭하는 것이 아닙니다.

위치 크래프트에서의 위치와 위카와 위칸이 다르다는 등등의 여러가지 잡다한 지식들이 있습니다.

하지만 본래 마녀 자신은 그런거 신경을 안씁니다.

그냥 마법같은 삶을 사는 라이프에 나를 뭐라고 부르든 그게 무슨 상관일까요?

그렇기에 이러한 지리멸렬한 사변적인 마녀가 아니라 살아서 생생활발하게 오늘을 살아가는 마녀에 대한 서적을 출간할까 합니다.

한국에 마법을 도입한 사람으로서 세리모니얼 매직 일변도의 한국 마법계는 무언가 문제가 있다고 봅니다.

이미 미국에서는 세리모니얼 매직은 이미 더 이상

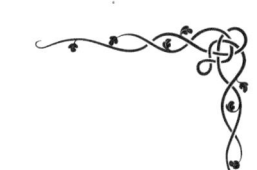

하는 사람들이 없습니다.

 이유는 그 사상 체계 자체가 하나의 종교적인 도그마일 뿐 그것이 실제로 존재하는 그 무엇이 아니기에 그렇습니다.

 카발라의 아트질루트계가 어떻고 하는 것은 그냥 예수천국 불신지옥 같은 소리에 불과합니다.

 그렇기에 진짜 마법의 신비는 그러한 것에 없습니다.

 그러므로 마녀들은 그러한 카발라든 에노키안이든 헤르메스든 그냥 요란한 헛소리로 봅니다.

 그러한 것들은 단지 사람의 정신을 조금 확장을 시켜 줄 지언정 자신이라는 한계를 넘는 저 너머로 데려다 주지 못하기에 그렇습니다.

 상위계니 하위계니 해보아도 그것은 그냥 그 사람의 정신속에 그런 개념이 생겨났을 뿐이니까요.

 그리고 그러한 개념은 그 사람의 영혼을 사로잡아서 자유를 속박하면 속박했지 사람의 영혼을 자유롭게 만들지 못합니다.

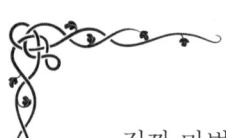
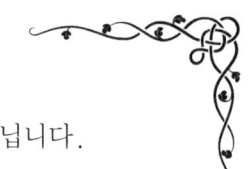

진짜 마법은 마법 자체를 하는 것이 아닙니다.

마녀가 거기에 있기에 마법이 일어나는 것이며 마녀조차도 마법이 일어나고 있다는 것을 모릅니다.

단지 그 또는 그녀는 어디에 자신이 있어야 하는지만을 알고 있을 뿐 그 자리에 가서는 아무것도 하지 않습니다.

그렇기에 마녀의 길을 가려면 그렇게 인과로 이루어지는 것들이 신비가 아님을 알아야 합니다.

인과의 너머에 신비가 있기에 그냥 하루 하루를 살아가는 것이 마법의 삶이 되며 이러한 삶을 사는 이들이 마녀입니다.

그들 또는 그녀들은 살아 있는 생명속에서 숨쉬고 사는 것만이 마법임을 이해하고 있습니다.

이러한 진짜 마녀의 길에 대한 서적을 출간하려 합니다.

물론 기본적으로 저러한 삶을 살아가는 것에 필요한 지식들을 제시합니다.

하지만 이는 단지 도구일 뿐입니다.

강의 저편에 도달하면 버리는 것이지요.

그래서 가장 보편적인 방법으로 그 강을 건너서 신비의 삶을 사는 방법을 제시하려 합니다.

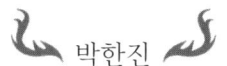 박한진

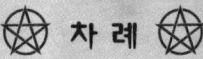

차 례

CHAPTER 1. 마녀와 위치크래프트란 무엇인가? 9
위치크래프트와 세리모니얼 매직 16
코번 위치와 솔리터리 위치 20
라이프 스타일 25

CHAPTER 2. 남신과 여신과 대지 27
대지의 원소들 30
혼드 갓 38
트리플 가디스 40

CHAPTER 3. 마법제단과 마법도구들 45
마법제단 46
마법도구들 48
간단하게 마법제단 차리기 61

CHAPTER 4. 정화하는 법 67
정화의 기본요소 68
정화법 70

CHAPTER 5. 훈련법 73
이완법 75
호흡법 76
명상법 77
기도법 79
상상법 81

CHAPTER 6. 성스러운 공간과 마법원 85
성스러운 공간 86

마법원 90
마법원을 일으키는 리추얼 92
마법원을 닫는 리추얼 99

CHAPTER 7. 사밧과 에스밧 103
사밧 104
에스밧 123

CHAPTER 8. 상응하는 에너지 130
요일 132
색깔 133
방향 134
허브 135
젬스톤 144

CHAPTER 9. 재료에 따른 마법 종류 148
촛불 매직 149
허브 매직 156
젬스톤 매직 164

CHAPTER 10. 마법 리추얼 169
기본적인 리추얼 순서 172

CHAPTER 11. 스펠 174
사랑에 관한 스펠 175
재물에 관한 스펠 183
건강에 관한 스펠 191
일상 생활 속의 스펠 196

CHAPTER 12. 그림자의 책 207

CHAPTER 1

마녀와 위치크래프트란 무엇인가?

위치크래프트(Witchcraft)의 위치는 마녀이고, 마녀(Witch)가 하는 행위가 위치크래프트입니다.

많은 사람들이 예로부터 마녀란 악마를 숭배하고 악의적으로 누군가에게 저주를 내리는 마법을 사용하고 영적인 능력이 있는 사람이라고 알고 있습니다. 만화에서 나오는 것 같이 괴상한 모자를 쓰고 매부리코를 하고 밤에 빗자루를 타고 날아다니며

싫어하는 사람을 두꺼비로 만드는 사람이 마녀라고 생각하나요? 이것은 세간에 떠도는 헛소문과 다를 바 없는 인식입니다. TV나 만화 등에서 우스꽝스럽고 고약하게 만들어낸 이미지일 뿐이랍니다.

옛날에는 마녀가 악마 숭배자라는 오해를 받아 마녀재판이라는 무시무시한 일을 당하기도 했지만 사실 마녀는 악마를 숭배하지도 믿지도 않습니다.

그러면 마녀란 누구이며 어떠한 사람을 마녀라 부르는지 알아보겠습니다.

우선 마녀는 위치크래프트를 행하는 모든 여성과 남성 모두를 지칭합니다. 마녀(魔女)라 해서 보통 여성만이 마녀가 될 수 있다고 일반적으로 생각하지만 남성도 포함해 부르는 말입니다. 마녀는 누구든지 성별에 구애받지 않고 될 수 있다는 말이지요.

기원은 알 수 없지만 먼 옛날 대부분이 자연으로

둘러싸여 있을 때부터 위대한 자연의 힘을 믿었고 그 지혜를 대물림하면서 보존된 지식들을 생활에 응용하며 살아 온 사람들이 있습니다. 이 지식들은 문서로 남긴 것이 아닌, 말하자면 민간요법과 같이 입에서 입으로 전해져 내려온 것들입니다. 사람들은 이러한 방법들을 마법이라 불렀습니다. 이 마법과 같이 피로 전승되어 특별한 능력을 가진 이들이 마녀들인 것입니다. 마녀들은 마법을 다루면서 이를 자신들의 생활 속에 일상처럼 자연스럽게 받아들이며 살았습니다.

피로 전승되진 않았지만 같은 라이프 스타일을 가진 사람들은 모두 '페건(Pagan)' 이라 부릅니다. 보통 페건의 사전적 의미는 소수 종교를 믿는 사람이나 그 지역의 특별한 토속적인 신앙을 믿는 사람들입니다. 그러나 실제로 이들은 마녀와 같은 특별한 영적인 능력은 없지만 스스로 마녀와 같은 삶을 살기 위해 노력하는 사람들입니다.

옛날 마녀들은 허브를 이용한 힐러(Healer)들이었으며 또한 시골의 가난한 소작농들이었습니다. 마녀는 마법을 사용하지만 그것이 위주는 아니었습니다. 분명 마녀들은 특별한 사람들이지만 겉으로 보기엔 다른 사람들과 다를 바 없는 평범한 모습을 하고 있었습니다. 낮에는 농사를 짓고 일을 하지만 밤이나 시간이 나는 틈틈이 마법을 통해 영혼의 발전을 확인하고 발견하며 그러는 동안 꾸준히 달의 에너지로 스스로를 정화하고 대지의 에너지로 충전을 한 것이지요. 다른 사람들과는 조금은 다르게 자연과 함께 살아가는 자신을 믿고 대자연의 흐름을 따라 살았던 것입니다.

마녀나 페건은 우주 안의 영적인 존재로서 진화하는 것에 중점을 두고 있습니다. 자연과 이 세상 모든 피조물들을 존중하며 자연의 힘으로부터 배우고 성장하고 참 나가 되기 위해 자신의 영적인 여행 안에서 한 걸음씩 나아가는 것을 추구하는 이들을 마녀라 부른답니다. 더 나아가 마녀란 사람을

지칭하는 것이 아니라 이러한 라이프 스타일 - 자연과 함께하고 자연과 하나가 되어서 세상을 존중하고 그 흐름을 따르는 삶의 방식 - 자체를 가리킵니다.

위치크래프트는 대부분의 마녀들이 자연의 힘을 이용한 허브와 약재의 지식을 따르고 실천하기 때문에 '지혜의 기술'이라고 알려져 왔습니다. 오랜 시간 자연을 자세히 관찰하고 자연의 변화를 겪으며 별들과 날씨와 식물들 그리고 동물들에게서 발견하고 배운 지식들을 발전시켜 왔던 것입니다.

위치크래프트는 개인의 의지와 자유로운 생각, 대자연을 배우고 이해하여 살아있는 모든 것이 신성하다는 것을 깨닫게 하는 힘을 기르는 영적인 시스템입니다.

이를 행함에 있어 전통적으로 내려오는 꼭 기억해야 할 마녀들만의 한 가지 위대한 법칙이 있습니다.

"의지대로 행하되, 남을 해하면 안 된다!
그렇지 않으면 세 배로 되돌아온다!"

행한 것은 카르마처럼 반드시 자신에게로 돌아오기 때문에 마법을 비롯한 모든 마녀의 행위는 건설적인 목적으로만 사용하여야 합니다. 본인을 포함한 다른 모든 생명에게 해를 끼치지 않는 범위 내에서 행동하라는 말입니다. 누군가를 해하는 것은 잘못된 일이며 끝내는 자신에게로 해함이 돌아온다는 것을 명심해야 합니다.

이 계율은 삼배 반의 법칙(Three Fold Law)이라 하여 모든 행위는 항상 3배의 힘으로 되돌아온다는 것입니다. 어떤 행동을 하거나 마법을 행했을 때 선한 것은 3배의 선함으로 악한 것은 3배의 악함으로 되돌아옵니다.

위치크래프트 Witchcraft 와
세리모니얼 매직 Ceremonial Magick

보통 위치크래프트를 로우매직(Low Magick), 세리모니얼 매직을 하이매직(High Magick)으로 분류하는데 이들은 서로 다른 마법 시스템입니다.

위치크래프트는 주로 자연, 달 그리고 태고적인 측면들에 바탕을 둔 스펠매직을 통해 이루어지는 반면, 세리모니얼 매직은 태양과 별 혹은 천체에 바탕을 둔 리추얼(Ritual)을 통해 이루어집니다.

위치크래프트를 행하는 자들은 마녀, 세리모니얼 매직을 행하는 자들은 마법사로 불리어 왔습니다. 그래서 마녀들을 여성, 마법사를 남성이라고 단정 지어 말하지만 꼭 그렇지만은 않다는 것을 이제는 아시리라 생각합니다.

위치크래프트

마법을 행할 때 마녀들은 코번(Coven)이라는 그룹을 만들어 다수가 모여 성스러운 공간을 만들어 가장 중요한 도구인 자신들의 몸으로 자연의 정령이나 존재들과 교감을 하기도 합니다.

코번에 들어가기 위해선 자신을 마녀로 증명한 후 이니시에이션(입도식:Initiation)을 받습니다. 그리고 나면 정식으로 코번의 일원이 되는 것입니다.

영적인 교감을 하기 때문에 간혹 샤먼(Shaman)이라 불리는 이들도 있었답니다.

마녀들은 필요할 때만 마법을 행합니다. 그들은 가난했고 일을 해야 했기 때문에 많은 시간을 위치크래프트에 할애 할 수 없었습니다. 그래서 도구로는 돌, 크리스탈, 허브 등 자연에서 쉽게 얻을 수 있는 것들을 많이 사용하게 된 것입니다.

세리모니얼 매직

마법사가 되려면 그들만의 신성한 마법체계와 마법사상, 신념을 따르겠다는 선서를 한 후 이니시에이션을 받을 수 있습니다. 그리고 나면 마법수행에 들어갈 수 있습니다.

남성들의 권위 의식이 팽배했던 옛날엔 남성만이 영적인 발전을 할 수 있다고 믿었기 때문에 마법사는 주로 남성들만의 전유물이었습니다. 따라서 그 당시 여성들이 세리모니얼 매직에 접근하기란 매우 어려웠습니다. 그렇다고 여성 마법사가 전혀 없었던 것은 아닙니다.

세리모니얼 매직을 하는 마법사들은 역사적으로 신성한 왕을 섬기는 부유한 성직자들이었습니다. 일 할 필요가 없었기 때문에 리추얼이나 명상 등에 집중할 시간이 많았습니다. 도구 역시 귀하고 비싸고 정교한 것들을 만들어 쓰곤 했습니다. 마법도구들

중 보석으로 치장이 된 화려한 도구들이나 귀하고 비싼 재료로 만들어진 도구들은 주로 세리모니얼 매직도구라고 보면 됩니다.

마법사들은 보통 매일의 수련으로 규칙적인 리추얼을 행합니다. 리추얼을 통해 잠재적인 요소들을 매일 깨어있는 현재 의식으로 통합하고 유지하려 노력을 하지요.

사실상 마법사들은 리추얼로 원하는 것을 얻는 것 보다는 신성 학문을 연구하는데 훨씬 많은 시간을 할애합니다. 마녀들이 마법사들보다 학문은 떨어지지만 영적인 능력이 있는 반면, 마법사들은 영적 능력보다는 학문 자체에 목적을 둘 만큼 지적 갈망이 더 큰 듯 하게 보입니다. 이들은 히부르 알파벳, 카발라, 대천사, 심지어 점성학이나 주역 등에 대해서도 공부하며, 에노키안 매직, 연금술, 게티아 등을 자신들의 지식에 접목시켜 연구하고 행하기도 합니다.

대표적인 세리모니얼 매직 단체로는 '골든 던 Golden Dawn'이라는 단체가 있습니다.

코번 위치 Coven Witch 와
솔리터리 위치 Solitary Witch

간단하게 설명하면 다수가 모여 그룹을 만들어 위치크래프트를 행하는 마녀들을 코번 위치라 하고, 혼자서 하는 마녀를 솔리터리 위치라 합니다. 어떤 것이 더 좋거나 나쁜 것은 없습니다. 둘 다 장점과 단점이 있으므로 자신에게 맞는 타입을 선택하면 되는 것입니다.

코번에 들어오기 전의 마녀들은 솔리터리 위치입니다. 코번에 관심이 생겨 가입하고 나면 코번 위치가 되는 것이지요.

본래 코번 위치가 전통적인 위치라고 말하지만 현대에는 솔리터리 위치가 더 전통적이라는 주장도 많이 있습니다.

코번 위치

코번은 세라모니를 위해 모인 이니시에이션을 받은 13명 마녀들의 커뮤니티입니다. 이는 근대에 생겨난 것이며 옛날 마녀사냥의 시기에는 13명은 커녕 몇 명이라도 모여 위치크래프트를 한다는 것은 상상도 못할 일이었습니다. 당시 마녀사냥을 정당화하기 위해서 마녀들이 집단적으로 신에 대적하기 위해 조직을 만들었다고 누명을 씌운 것에서 사람들은 코번이 이전부터 있었다고 생각하여 코번이 정통이라고 주장하게 된 것입니다. 많은 이들이 코번이 정통이라 말하지만 솔리터리 위치가 원조임을 알 수 있습니다.

　코번에는 남성 성직자인 프리스트(Priest)와 여성 성직자인 프리스테스(Priestess)가 있고 주로 프리스테스가 코번의 장으로서 주관을 하고 새 회원들에게 이니시에이션을 해 줍니다.

　코번 위치는 많은 경험과 지식을 가지고 있는 다른 사람들로부터 가르침을 받을 수 있는 기회가 있으며, 필요할 때 코번이 네트워크를 통해 다른 마녀들을 만날 수 있는 기회가 많아지며, 코번에서의 리추얼은 일반적으로 정식이고 구조적이기 때문에 보다 정교해서 체계적으로 공부를 할 수 있다는 장점이 있습니다.

　단점으로는 다른 사람들과 스케줄을 조율해야하며, 그룹 중 누군가 문제를 일으키면 다른 사람들에게도 여파가 있게 되며, 이미 형성된 코번에 들어가게 되는 경우라면 그들이 만든 규칙과 법칙대로 따라야 하기 때문에 불만이 있을 수 있다는 것입니다. 이 부분에서 자신과 잘 맞지 않는다고 생각하고 코번을 떠나

솔리터리 위치가 되는 경우도 더러 있습니다. 이는 자연스러운 일이며 뭔가 억지로 자신을 끼워 맞추려 하는 것은 마녀의 라이프 스타일에도 맞지 않겠지요. 당연히 자신에게 맞는 길을 택하면 그만입니다.

솔리터리 위치

솔리터리 위치는 앞서 설명한 피로 전승된 마녀들과 그 라이프 스타일을 따르는 페건들이 모두 포함됩니다. 단, 그룹이 아닌 솔로를 말하는 것이지요.

스스로 이니시에이션을 하며 스스로 공부하고 경험을 쌓아가는 마녀가 바로 솔리터리 위치입니다.

솔리터리 위치의 장점으로는 본인이 본인의 법칙과 윤리를 만들어 따르면 되고, 개인 스케줄과 편의에 따라 마법을 행하면 되며, 마녀가 아닌 다른 사람들과 리추얼을 같이 해도 상관없다는 것입니다. 매우

편리하지요.

단점은 언젠가 본인이 가지고 있는 마녀로서의 지식에 한계가 올 수 있는데 다른 마녀들과의 네트워크가 약하기 때문에 영적인 성장과 배움에 있어서 스승을 찾기가 어려울 수 있습니다. 이때는 혼자서 길을 찾아가야 하는데 스승 없이는 좀 더 힘이 들겠지요. 그리고 가끔은 자신과 같은 마녀들과 어울리고 싶을 때도 있을 것입니다. 지식을 나누고 같이 공부하는 동료들이 옆에 있다면 외롭진 않을 것 같습니다.

이 책에서 설명하고자 하는 마녀는 혼자서도 위치크래프트가 가능한 솔리터리 위치입니다.

라이프 스타일 Life Style

마녀들은 스스로 맑고 투명해져서 마법의 근원인 대자연과 하나가 되기 위해 끊임없이 스스로를 정화합니다. 이러한 과정에서 보여지는 행위를 형식화 이론화 한 것이 지금의 위치크래프트입니다. 이것을 통해 사람들은 좀 더 쉽게 마녀들의 세계를 접하고 경험하고 입문할 수 있게 되었습니다.

그러나 위치크래프트의 행위를 한다고 하여 모두가 마녀가 되는 것은 아닙니다. 언급한 바와 같이 마녀는 어떤 특정 사람을 지칭하는 것이 아니라 마녀의 라이프 스타일을 말하는 것이기 때문이지요. 마녀가 사는 방식대로 사는 것이 마녀인 것입니다. 다시 말해 삶의 방식이 마녀의 라이프 스타일과 같다면 당신이 바로 마녀인 것입니다.

마녀의 믿음 체계를 종교라고 하는 사람들도 있지만 말 그대로 하나의 삶의 방식으로 받아들이면 쉽게

접근 할 수 있을 것입니다.

CHAPTER 2

남신과 여신과 대지

마녀가 기본적으로 갖추어야 할 소양이 두 가지가 있습니다.

첫째, 태양과 달과 대지에 대한 경외심을 가지는 것
둘째, 내면에 남신과 여신을 모시는 것

마녀는 우주 안팎의 모든 것을 내포하는 대자연을 중심으로 한 자연 지향적인 라이프 스타일을

가지고 있습니다. 이 믿음 체계는 우주가 절반으로 나뉘어지는 것과 동일한 방식으로 동등한 두개의 절반으로 나누어집니다.

빛과 어둠, 남성과 여성, 음과 양과 같이 두 신으로 표현되는데 남신과 여신, 혹은 로드(Lord)와 레이디(Lady)라고 불립니다. 이들은 같은 존재이지만 동시에 서로 다른 측면을 보여 줄 뿐입니다. 이 신들은 각각으로서 완전하고 동등한 절반을 묘사하며 서로를 보완합니다.

남신과 여신은 모두 대지에 반영된 태양과 달입니다. 즉 태양과 달이 직접적으로 신이 되어 강림하는 것은 아닙니다. 태양과 달의 힘이 대지에 임해서 그 힘이 자연 속에서 생명으로 드러난 것이 마녀의 마음속에서 일어나는 심상의 남신과 여신인 것입니다.

마녀가 신을 보는 방법 중에 하나가 쉽게 접할 수 있게 형태를 부여하여 남신과 여신과의 관계를

형성하는 것이었다면, 또 다른 방법은 신을 대지 혹은 우주로 보는 것입니다.

우리는 신의 진정한 본성은 이름과 형태와 그리고 아마도 우리가 이해 할 수 있는 범위를 뛰어넘는 어떤 것임을 알고 있습니다. 그러므로 남신과 여신은 모든 자연의 전체인 대지라는 신에 대한 이해의 한계를 좀 더 쉽게 이해하기 위한 방편인 것입니다.

마녀의 힘의 근원은 자연입니다. 그래서 대지를 모든 마녀의 어머니라고 부르는 것이랍니다.

대지의 원소들 Earth Elements

옛날 조상들은 세상을 네 가지의 기본 원칙으로 나누었습니다 - 흙(Earth) 물(Water) 불(Fire) 공기

(Air). 이 4대원소는 인간의 감정, 정신, 그리고 자연과 밀접한 관계 형성을 하고 있으며 점성학에서도 매우 중요합니다. 이 원소들은 특히 아스트랄계(육체와 분리된 영적인 세계:Astral Plane)에서 힘 혹은 에너지의 수준을 나타낸다고 볼 수 있습니다.

마법은 모든 것들과 관계성을 가지며 이 관계들은 서로 상응합니다. 이것이 중요한 이유는 마법을 하는데 있어서 제대로 된 상응 체계를 사용해야만 성공할 수 있고 또한 원하는 내면의 존재와의 접촉을 만들어 낼 수 있기 때문입니다.

4대원소들은 각각 다른 색깔과 특징들을 가지고 있습니다.

원소	색깔	방향	마법도구	대천사
흙 EARTH	갈색/녹색	북	펜타클	유리엘
물 WATER	파란색	서	컵	가브리엘
불 FIRE	빨간색	남	단검	미카엘
공기 AIR	노란색	동	완드	라파엘

흙 Earth

스피릿	놈 Gnome/드워프 Dwarf/트롤 Troll
도구	소금/흙/펜타그램/돌/보석/나무
상징	바위/젬스톤/산/평야/흙/동굴/광산/나무
리추얼	밤/자정/겨울/부/보물/공감/합병/사업/번영/고용/안정/성공/풍요/돈
성향	서늘함/마름/무거움
점성학적 별자리	황소자리 Taurus/처녀자리 Virgo/염소자리 Capricorn
타로카드	펜타클 Pentacle

물 Water

스피릿	님프 Nymph/언딘 Undine/인어 Mermaid
도구	물/세정/용액/가마솥/거울/바다
상징	바다/호수/강/우물/샘물/비/안개
리추얼	가을/일몰/식물/치유/감정/맛/냄새/흡수/영혼과의 소통/정화/잠재의식/사랑/기쁨/우정/결혼/출산/행복/꿈/영매

성향	서늘함/젖음/흐름
점성학적 별자리	전갈자리 Scorpio/물고기자리 Pisces/게자리 Cancer
타로카드	컵 Cups

불 Fire

스피릿	살라만더 Salamander/파이어드레이크 Firedrake/불꽃의 의식 The Consciousness of Flame
도구	캔들/램프/향/불/향로
상징	번개/화산/무지개/태양/별
리추얼	여름 정오/자유/변화/시야/인지/환상/배움/사랑/의지/열정/성/에너지/힐링/권위/파괴/정화
성향	뜨거움/마름/확장
점성학적 별자리	사자자리 Leo/궁수자리 Sagittarius/양자리 Aries
타로카드	완드 Wands

공기 Air

스피릿	실프 Sylph/제퍼 Zephyr/페어리 Fairy
도구	향/창조적인 시각화/오일
상징	하늘/바람/구름/호흡/진동/허브/꽃/ 나무
리추얼	새벽/일출/봄/지식/영감/청각/조화/허브에 관한 지식/식물의 성장/지성/생각/아이디어/여행/자유/드러난 진실/움직임/영적 능력
성향	따뜻함/젖음/빠른 동작
점성학적 별자리	물병자리 Aquarius/천칭자리 Libra/쌍둥이자리 Gemini
타로카드	검 Swords

    4대원소는 상징이나 추상적인 개념만 뿐만 아니라 물리적인 감각으로 감지 할 수 있는 이 세상 모든 존재들을 이루는 생명의 힘을 선사합니다. 그러므로 이 원소들은 점성학의 바탕이나 오컬트적인 것만이 아니라 우리가 일상생활에서 경험하고 느낄 수 있는 모든 것을 구성한다고 할 수 있습니다.

예를 들어 불의 원소는 물리적으로 느껴지는 요리할 때 쓰는 불이나 여름 한낮의 뜨거움 혹은 캠핑 가서 피우는 모닥불 등도 불이지만 마음속에서 불같이 끓어오르는 열정이나 뜨거운 사랑의 감정 등도 역시 불이라고 볼 수 있는 것입니다. 이처럼 4대원소는 물질적인 것뿐만 아니라 보이지 않는 감정적인 부분과 이성적인 부분 그리고 우주의 법칙을 지탱하는 그 어떤 것의 일부분으로서 작용을 하고 있습니다.

마녀는 어떤 목적의 결과를 만들어내야 하기 때문에 우주의 힘을 이끌어 내는데 심사숙고하므로 4대원소와 조율을 하고 물질세계와 비물질세계 모두 안에서 이들 에너지가 어떻게 작동하는지 이해해야 합니다.

4대원소에 대해서 제대로 된 이해를 하지 않으면 마법을 행한 마녀가 원하는 결과를 가져오는 게 아니라 전혀 엉뚱한 결과를 가져오게 될 수도 있습니다. 완전히 다른 결과나 원하는 바의 정반대의 결과가

나올 수도 있는 것입니다.

그렇기 때문에 제대로 된 에너지를 사용하기 위해서 리추얼을 하는 동안 마녀는 4대원소의 도움과 보호를 위해 신이나 천사들에게 기원을 하기도 합니다.

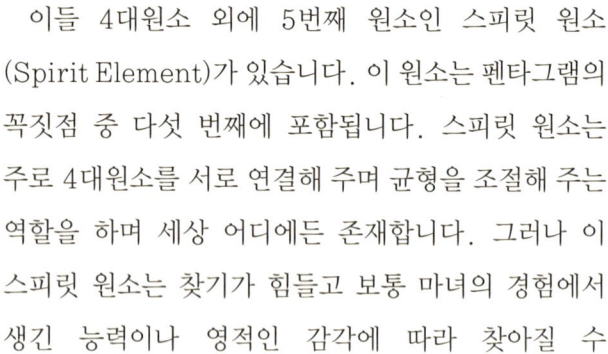

이들 4대원소 외에 5번째 원소인 스피릿 원소(Spirit Element)가 있습니다. 이 원소는 펜타그램의 꼭짓점 중 다섯 번째에 포함됩니다. 스피릿 원소는 주로 4대원소를 서로 연결해 주며 균형을 조절해 주는 역할을 하며 세상 어디에든 존재합니다. 그러나 이 스피릿 원소는 찾기가 힘들고 보통 마녀의 경험에서 생긴 능력이나 영적인 감각에 따라 찾아질 수 있습니다.

스피릿 원소는 마법원의 중심에서 응답합니다.

색깔	검은색/하얀색/모든 색의 혼합
방향	중앙
마법도구	마법원
대천사	메타트론 Metatron
스피릿	천사 Angels/대천사 Archangels
상징	소용돌이 모양/무한/우주의 법칙/신
리추얼	삶의 길 찾기/업보/깨달음/영적인 성장/모든 원소들과 어우러질 수 있는 능력

혼드 갓 Horned God

혼드 갓은 하나의 특정 신을 가리키는게 아니라 남신의 대표적인 상징입니다. 머리에 뿔이 나 있는 남신으로 표현됩니다.

일반적으로 아버지의 형태이고 남성의 본성과 관계가 있으며 동물들과 영혼들, 성숙한 아버지로서의 역할, 열정 그리고 야생을 나타내며 사냥(영원한 삶의 순환)과 밀접한 관계가 있습니다.

이 남신은 세 개의 얼굴을 가지고 있으며 이는 남성의 인생에 있어서의 세 가지 단계를 표현합니다 - 유년기, 성인 그리고 노년.

이 세 가지 얼굴의 신을 하나로 보는 것은 마녀만이 아닙니다. 기독교에서의 성부(Father)와 성자(Son)와 성신 또는 성령(Holly Spirit)의 삼위일체는 이 남신을 가리키는 것입니다. 각 나라의 종교에서는 각자 다른 이름의 남신들이 문화에 맞게 표현되고 있지만 모두 하나의 같은 남신의 다른 표현일 뿐입니다. 그리스 로마 신화에 나오는 바람둥이 모습의 제우스나 예술을 다스리는 태양신 아폴론, 북유럽 신화에 나오는 장난스럽고 재치 있는 로키 그리고 지혜로운 지배자의 모습을 한 오딘도 모두 남신의 다양한 표현이라고 할 수 있습니다.

황금색, 공기, 불, 태양 등이 남신을 상징합니다. 선택할 수 있는 남신의 상징물로는 흰색, 사각형, 원뿔(각뿔도 가능), 기둥, 불 등이 있습니다.

트리플 가디스 Triple Goddess

여신은 어머니인 자연, 모성애, 양육, 여성성, 끝이 없는 지혜와 사랑, 형태가 있는 모든 것을 나타내며 물, 대지, 달이 여신을 상징합니다. 선택할 수 있는 여신의 상징물로는 검은색, 원형, 링(반지 등), 주머니, 물 등이 있습니다.

트리플 가디스의 세 가지 형상은 달의 세 주기를 반영합니다 - 초승달 : 처녀 The Maiden, 보름달 : 어머니 The Mother, 그믐달 : 노파 The Crone. 그녀는 달을 상징하기도 하고 또한 대지 혹은 우주 그 자체를 상징하기도 합니다. 그녀의 영혼은 이 세상 모든 곳에 퍼져있으며 우리는 여신을 이 세상 어디에서나 찾아볼 수 있습니다.

처녀 The Maiden : 커지는 달
초승달 Waxing Moon

처녀의 모습은 봄과 시작의 어린 여신입니다. 이 어린 여신은 새벽, 젊음, 그리고 새로운 가능성의 여신입니다. 시작과 새로움을 의미하지요. 또한 예술과 창조, 그리고 아름다움, 지성, 기술을 스스로 표현하는 여신이기도 합니다. 처녀는 행동과 자신감, 모험과 탐험을 할 때 나타납니다.

어머니 The Mother : 보름달(Full Moon)

어머니의 모습은 우주를 지속시키고 세상을 돌보는 측면의 여신입니다. 그녀는 모성애, 양육, 그리고 섭리의 여신입니다. 우주는 그녀의 자식이며 우주를 사랑하고 돌봅니다. 영원한 사랑과 열정을 상징하며 어머니 여신은 그녀의 선물을 받아들일 준비가 되어있는 모든 이들에게 끝없는 너그러움을

선사합니다.

노파 The Crone : 작아지는 달
그믐달(Waning Moon)

노파의 모습은 손윗사람의 측면을 가진 여신입니다. 오랜 세월 동안 쌓인 지혜의 힘을 가지고 있다는 말입니다. 그녀는 현명한 여인이고 마녀고 여성 가장입니다. 또한 죽음과 끝을 준비하는 모습을 보여주기도 합니다. 그러므로 죽음, 마법, 그리고 영혼 세계의 여신이기도 합니다. 지혜와 가이드의 여신이라 불리기도 하지요. 높은 영적인 힘을 가지고 있기 때문에 마법을 통해 그녀의 의지를 창조해 내는 마법사라 부를 수도 있습니다. 변화의 여신인 노파는 새로운 성장을 위해 뒤떨어진 것을 소멸시키는 파괴자이기도 합니다.

혼드 갓은 달의 공간상의 힘을, 트리플 가디스는 달의 시간상의 힘을 말합니다. 위치크래프트에서 중시하는 것은 이렇게 '힘'인 것입니다. 아무리 그럴싸한 사변적 이론이라 해도 힘이 깃들지 않으면 아무런 의미가 없으며 단 한마디 말이라도 힘을 가지면 세상을 변화시키는 법입니다. 마법을 오래 행하다 보면 여러 가지 지식들에 앞서 가장 중요한 것은 힘이라는 것을 뼈저리게 알게 될 것입니다.

위치크래프트에서 태양은 외재하는 힘의 근원이고 달은 위치 자체의 본성으로 봅니다. 우리 모두는 태양의 힘을 반사해서 세상을 빛나게 하는 존재라고 한답니다. 그렇기에 리추얼을 통해 태양의 힘을 혼드 갓의 태양의 공간과 트리플 가디스의 달의 시간으로 세상을 빛나게 하는 것이랍니다. 마녀는 이를 통해서 자연이 살아있음을 느끼고 삶 속에서는 행위로 선함이 세상에 가득하게 하고 그 선함이 3배로 되돌아오는 삶을 살고자 노력하는 것이 진정한 마녀의 삶이라 할 수 있습니다.

마녀들 사이에서 인기 있는 신들

Apollo	태양과 의술, 예술과 아름다움의 그리스와 로마 남신
Brigid	달과 음유시인, 농사와 의술의 켈틱 유럽 여신
Dagda	대지와 농업, 위대한 아버지, 지식의 왕인 아일랜드 남신
Diana	숲의 수호신, 사냥과 가축, 여성과 순결의 달의 로마 여신
Hecate	저승 세계와 마법의 여신, 영생하는 달의 그리스 여신
Herne	사냥과 보호, 야생과 숲의 케르눈노스인 켈틱 유럽 남신
Ishtar	아름다움과 연애, 풍요와 다산, 전쟁의 중동 여신
Isis	대지모, 풍요와 마법과 재생의 이집트 여신
Pan	남성성과 야성, 예술과 자연의 그리스 남신
Ra	태양과 창조의 이집트 남신

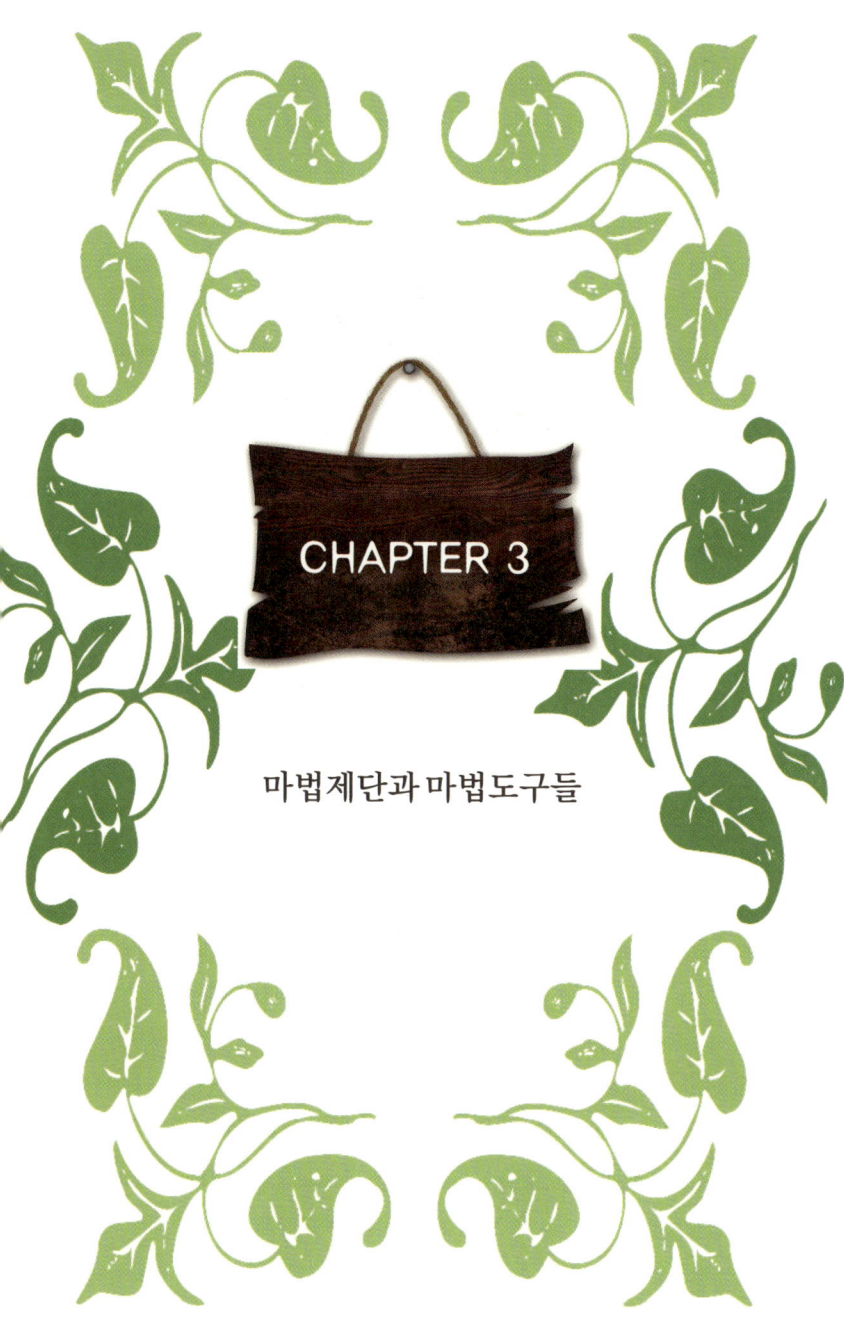

CHAPTER 3

마법제단과 마법도구들

마법제단 Altar

마법을 시작하려면 우선 마법 리추얼을 위한 마법 도구들과 도구들을 올려놓을 제단(알타 Altar)이 필요합니다. 제단은 필요한 도구들을 모두 올릴 수 있을 정도로 충분히 커야하는데 이것은 대지를 상징하며 여기서 마녀의 힘과 마법이 연결됩니다. 마법제단은 대지의 확장된 의미로 마녀와 대지를 연결해 주는 역할을 합니다.

　일반적으로 제단은 북쪽을 향하게 배치하는 것이 좋습니다. 북의 방향은 힘이 어둠에서 빛으로 흐르는 방향이기 때문입니다. 기독교 교회에서도 성경은 북쪽에 배치되어 있는 것을 볼 수 있습니다. 그러나 어떤 마녀들은 떠오르는 태양을 경배하기 위해 동쪽에 위치하는 경우도 있습니다.

마법도구들 Magick Tools

마법도구의 선택에서 가장 중요한 것은 절대 동물성 재료를 써서 만들어진 것은 사용해서는 안 된다는 것입니다. 그리고 만약 마법도구를 직접 만드는 경우, 만들다가 다치면 그 도구는 포기하고 새로 다시 만들어 써야합니다. 안 좋은 기억이 담긴 도구는 마법도구로 쓸 수 없기 때문입니다. 우리말로 부정이 탄 도구는 쓰지 않는 것이 좋겠지요.

또한 모든 마법도구들은 마법 의식에 쓰겠다고 내면의 자신과 약속한 도구들이기 때문에 현실의 다른 일에 사용하면 그 약속이 깨져버리기 때문에 마법도구로서의 가치를 상실하게 됩니다. 그렇기 때문에 도구들의 보관 역시 신경 써야 하는 부분입니다.

어떤 마녀들은 마법도구들의 배치를 항상 정해진 대로 사용하기 보다는 계절과 달의 주기에 따라 조금씩 바꿔주어서 알타가 새로워 보이고 매력 있게 보이게

하기도 합니다. 자유로운 마녀의 삶만큼 마법 역시 주어진 틀을 고집하지 않고 에너지가 원하는 방향에서 벗어나지 않는 한도 내에서 자유롭게 변화를 주어도 괜찮다는 뜻입니다.

빗자루 Broom

마녀들이 빗자루를 타고 날아다닌다고 알려져 있는데 이것은 미신입니다. 마녀들은 절대로 빗자루를 타고 날아다니지 않습니다. 자각몽이라고 하는 아스트랄 프로젝션(Astral Projection)이 와전된 헛소문일 뿐입니다. 아스트랄 프로젝션이란 자신의 의지로 혹은 우연히 의식이 이 세상에서 벗어나 영적인 세상을 경험하는 현상인데 마녀들이 이를 통해 다른 세상을 여행하는 것을 마법 빗자루를 타고 하늘을 난다고 표현한 것이 아닌가 싶습니다.

이 빗자루의 진짜 목적은 리추얼 전과 후에 리추얼

공간을 정화하기 위해 상징적으로 부정적인 에너지를 쓸어 내보내는데 있습니다.

단검 Athame

단검은 매우 개인적인 마법도구로 너무 크지 않은 자신의 손에 잘 맞는 크기여야 합니다. 마법원을 그릴 때 사용되며 일반적으로 불의 원소와 연결됩니다. 또한 단검은 무언가를 지배하는 도구이기 때문에 천사나 신 혹은 정령의 존재들을 소환 하고나서 그 힘을 조종하기 위해 쓰이기도 하고 마법 의식 혹은 스펠의 에너지를 높이는 목적으로 사용되기도 합니다.

마법 의식에 사용되는 이 단검으로는 절대로 무언가를 자르는데 쓰면 안 됩니다. 혹시라도 마법단검을 무언가 자르는데 썼다면 더 이상 마법 의식에 쓸 수 없기 때문에 새로운 단검을 찾아야만 합니다.

완드 Wand

완드는 중요한 마법도구의 하나로 먼 옛날부터 마법이나 종교의식에 사용 되어져 왔습니다. 마녀들은 어떤 특정 영역에서 영적인 존재들의 힘을 다루거나 에너지를 집중시키기 위해 완드를 사용합니다. 완드는 남성을 상징하는 도구로서 공기 원소와 신을 나타냅니다. 마법단검 혹은 손의 대용으로도 사용할 수 있습니다.

완드는 다양한 자연 소재들을 이용해서 만들 수 있습니다. 크리스탈을 장식하여 만드는 경우도 많은데 이는 치유를 목적으로 할 때 사용되기도 합니다.

소금 접시 Dish of Salt

소금은 청정의 상징으로 정화와 축성에 사용됩니다.

정화의 대표적인 도구가 바로 소금입니다. 대지와 어머니 또는 여신의 상징이기도 하지요. 제단에 소금을 올리기 위해서는 소금을 담을 접시도 필요합니다.

어떤 소금이든 상관없지만 가장 좋은 것은 천일염입니다.

물잔 Goblet of Water

물잔은 물과 여신을 상징합니다. 리추얼 중에 여신의 힘과 여신의 원소들을 흡수하는 것을 상징하기 위해 소금을 물에 뿌려 마시기도 합니다. 이 물은 마법도구들이나 집 혹은 신성한 공간의 정화에 사용되기도 하며 필요에 따라 다른 목적에 사용되기도 합니다.

가톨릭교회에서는 성수로 만들어 축성과 정화에 사용합니다. 교회 자체가 신성한 공간이기 때문에

신자들이 이 교회 안으로 들어가기 전에 성수를 사용해 자신을 정화한 후 입장합니다.

성배 Chalice

성배는 제단에 놓일 와인을 담는데 사용됩니다. 술을 마시지 못한다면 주스를 담아 사용해도 된답니다. 이 도구는 리추얼에서 대지가 함께하는 시기나 축제에 사용됩니다. 리추얼 후 여신의 축복이 이 땅에 함께하기를 바라는 의미로 그리고 대지와 대지의 영혼들을 위해서 남은 와인을 땅에 뿌려주기도 합니다.

어떤 와인이나 주스를 사용해도 무방하지만 포도나 사과로 만든 것이 좋습니다.

향 Incense

향은 예로부터 많은 종교의식이나 영적인 정화 의식에 사용되어져 왔습니다.

타면서 향이 나는 연기를 내는 향은 공기와 불, 신을 상징하며 거의 모든 스펠에 사용되어집니다. 향의 연기와 촛불은 소금과 물과 함께 물건들과 신성한 공간을 정화하는데 쓰입니다. 제단에 쓰이는 향의 종류에는 크게 스틱이나 콘 모양의 향과 차콜 위에서 태우는 허브나 파우더 향 두 가지 종류가 있습니다.

리추얼에 쓰이는 향은 여러 가지 목적에 따라 맞는 향을 선택해서 사용하면 됩니다.

목적에 따라 쓰이는 향의 종류

일반적인 정화, 보호, 그리고 엑소시즘
Frankincense, Myrrh, Dragon's Blood, Sage

저주를 돌려보내기
Mullein, Sage, Rue
영혼의 안정
Camphor, Mint, Pine
부정적인 에너지 제거
Pine, Cedar, Musk
영적인 힘
Juniper, Nag Champa

5대원소의 향

흙 Earth : Musk, Patchouli
물 Water : Frankincense, Jasmine, Rose, Sandalwood
불 Fire : Cedarwood, Ginger, Patchouli, Sandalwood
공기 Air : Amber, Lotus, Opium, Vanilla
Spirit : Myrrh, Sandalwood

향로 Incense Burner (or Censer)

향로는 향을 태우기 위한 그릇으로 어떤 크기와 형태든 상관없고 나무 재질만 아니면 됩니다. 그러나 향이 타면서 발생하는 열이 제단 바닥에 닿지 않게 반드시 세울 수 있는 발이나 받침이 있어야 합니다.

가마솥 Cauldron

가마솥은 어머니 여신과 더불어 물과 재탄생의 상징입니다. 이 도구는 대지에서의 생명 탄생뿐만 아니라 죽음과 대지로의 되돌아옴을 상징합니다. 출산과 수확의 상징이기도 하지요. 많은 리추얼에 사용되며 투시 기법의 일종인 스크라잉(Scrying)에 사용되기도 합니다.

펜타클 Pentacle

펜타클은 대지의 상징이며 축성에 사용되는 매우 중요한 도구입니다. 제단 중앙에 평평하게 놓을 수 있도록 타일의 형태여야 합니다. 철은 스펠을 통과하지 않는다고 하기 때문에 보통 철을 제외한 재질로 만들어진 것이어야 합니다. 나무나 레진의 재료를 많이 사용합니다.

펜타클은 모든 신성한 것을 나타내고 보호와 소환에 사용됩니다.

펜타클 혹은 펜타그램 - 펜타그램은 다섯 꼭짓점을 가진 별모양의 오망성, 펜타클은 펜타그램을 그리거나 새긴 물건 - 은 가장 많이 숭배되고 인기 있는 크래프트의 상징입니다. 간혹 펜타클을 거꾸로 세워서 사탄의 상징으로 사용하는 악마 숭배자들 때문에 이 상징이 악마나 사악한 것과 관계있다는 말도 있고 그 때문에 마녀들이 악마를 숭배한다는 소문도 있었지만 전혀 근거 없는 헛소문일 뿐이랍니다.

위치크래프트에서 펜타그램의 다섯 꼭짓점은 다섯

가지 원소를 상징하며 이는 4대원소인 흙, 공기, 불, 물, 그리고 다섯 번째 원소인 스피릿을 나타냅니다.

 부정적이거나 악한 에너지를 제거하는 배니싱(Banishing) 리추얼을 할 때는 펜타그램의 왼쪽 아래 꼭짓점에서 맨 위의 꼭짓점으로 올라간 후 오른쪽 아래 꼭짓점으로 내려가는 것으로 그리면서 완성합니다.

 안 좋은 에너지가 들어오는 것을 막기 위해 문이나 창문에 펜타그램을 그리거나 펜타클을 걸어놓기도 합니다. 부적과 같은 개념이지요.

수정구 Crystal Sphere

여신을 상징하며 영적인 존재들의 메세지를 받거나 리추얼에 의해 높아진 에너지를 담아두는데 쓰입니다. 그래서 수정구는 오랫동안 스크라잉(Scrying)의 중요한 도구의 하나로 쓰여 왔습니다. 마녀가 나오는 동화나 만화영화에 자주 등장하는 소품이지요.

제단에는 투명한 수정구를 사용하는 것이 좋습니다.

종 Bell

종은 여신의 목소리로서 오래 전부터 리추얼 도구로서 사용되어져 왔습니다. 종을 울리면 여신의 관심을 끌 수 있습니다. 종소리는 아름다운 치유의 에너지를 전달 해 줄 뿐 아니라 리추얼 도중 원하지 않는 에너지를 내보내거나 리추얼의 마지막에 끝을 알리는 용도로 사용할 수 있습니다.

초 Candle

신을 상징하는 도구이며 펜타클 옆이나 제단 중앙 부분 어느 곳이든 위치하면 됩니다. 초는 영적인 존재의 에너지를 불러들이는데 사용됩니다.

직접 초를 만들어 사용한다면 적절한 색깔이나 향, 혹은 허브 등을 추가하여 만들면 좋습니다. 목적에 맞게 직접 제작한 초는 더 특별하고 강한 마법도구가 될 수 있습니다.

제단보 Altar Cloth

제단보는 제단을 덮는 천으로 어떤 색이든 사용할 수 있지만 하고자 하는 리추얼 목적의 에너지와 상응하는 색이 가장 좋습니다. 흰색은 모든 색을 반영하므로 색을 고르기가 어려울 때 선택하면 좋으며 검은색 제단보는 모든 색을 흡수하기 때문에 가장

인기가 좋습니다. 실제로 검은색 천을 제단보로 많이 사용하고 있습니다.

제단보의 재질은 리추얼 도중 촛농이나 향의 재가 떨어지는 등 제단보가 더럽혀지는 것을 감안하여 선택하는 것이 좋겠습니다.

간단하게 마법제단 차리기

모든 마법도구들을 준비하여 제단을 차리면 제일 좋겠지만 여의치 않을 경우가 많으리라 생각됩니다. 그럴 경우 모든 도구들 없이 간단하게 약식으로 마법제단을 차리는 방법을 소개해 드리겠습니다.

〈준비 도구들〉

제단보
펜타클 혹은 목적에 맞는 물건
향과 향로 혹은 향 받침
(스틱, 콘, 허브 어느 것이나 상관 없음)
초와 촛대
소금과 소금 접시
물과 물그릇
남신 상징 그림
여신 상징 그림
4가지 타로카드 : Ace of Pentacles, Ace of Cups, Ace of Wands, Ace of Swords

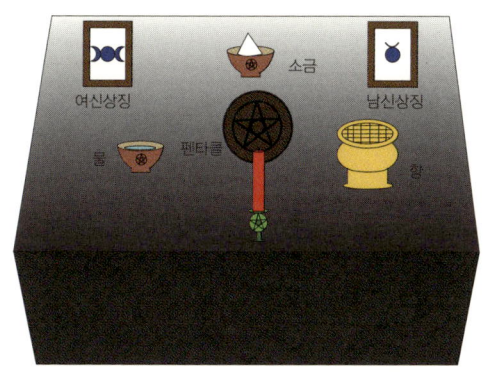

마법도구 배치

1. 제단 보를 깔은 제단의 상단이 북쪽을 향하게 위치합니다.
2. 북쪽에 소금을 담은 소금 접시
   남쪽에 초를 세운 촛대
   동쪽에 향을 담거나 세운 향로 또는 향받침
   서쪽에 물을 담은 물그릇

북서쪽 상단에 여신 상징 그림

북동쪽 상단에 남신 상징 그림

그리고 중앙에 리추얼 목적에 맞는 물건을 위치합니다.

(중앙에 펜타클을 두어도 좋습니다)

3. 제단 앞에 4대원소의 상징인 4가지 타로카드를 순서대로 차례로 놓습니다.
   - 흙의 상징인 Ace of Pentacles
   - 물의 상징인 Ace of Cups
   - 불의 상징인 Ace of Wands
   - 바람의 상징인 Ace of Swords

리추얼 방법

1. 마법원을 일으킵니다.(CHAPTER 6 참조)
2. 촛불을 켜고 향을 태웁니다.
3. 4가지 타로카드들에서 원소 에너지의 힘이 일어나는 것을 심상화합니다.

4. 에너지가 충분히 일어났으면 그 에너지의 힘이 차려놓은 제단에 영향을 주어 원하는 목적과 상응하는 것에 집중합니다.
5. 마무리가 됐으면 마법원을 닫습니다.

CHAPTER 4

정화하는 법

정화의 기본 요소

사람들이나 사건, 사고, 행사 심지어 사람들의 생각들로 매일 매일 모든 장소나 물건들의 에너지는 오염되고 있습니다. 이러한 오염된 부정적인 에너지는 우리에게 안 좋은 영향을 주며 에너지 흐름을 막기 때문에 건강에도 좋지 않게 작용을 합니다. 가장 좋은 방법은 이러한 안 좋은 에너지의 영향을 받지 않도록

스스로를 체크하는 것입니다.

 마법도 마찬가지로 다른 쓸데없는 에너지의 영향을 받지 않으려면 항상 정화하는 습관을 들여야 할 것입니다.

 마법도구를 비롯하여 리추얼을 위해 확보한 공간을 정화하고 축성하는 것은 그 공간에 남아있는 부정적인 에너지를 제거하기 위함입니다. 부정적인 에너지가 있는 곳에서 마법을 행한다는 것은 상식적으로도 옳지 않습니다. 깨끗한 마음과 깨끗한 공간에서 깨끗한 도구로 의식을 진행해야 다른 에너지와 섞이지 않고 마법 성공에도 도움이 되겠지요. 그러므로 마법에 사용하는 모든 도구들 역시 반드시 사용 전에 정화해야 합니다.

 기본적으로 정화는 하늘의 태양과 달, 땅의 소금과 물, 사람의 심상화와 생명력으로 행하게 됩니다. 이 6가지를 적절하게 배합하는 것이 정화의 기본입니다.

정화법

　달빛 정화법 : 가장 간단한 정화법으로 해가 진 후 마법에 쓰일 도구들을 달빛 아래 두고 달빛으로 목욕을 시켜주는 것입니다. 이 방법은 정화 뿐 아니라 충전도 되는 방법입니다.

　햇빛 정화법 : 달빛 정화법과 동일합니다. 마법도구들을 햇빛 아래 두고 충분한 시간 동안 햇빛을 쪼입니다. 단, 햇빛에 노출되어 손상되는 도구는 피해야 합니다.

　허브 정화법 : 정화의 에너지를 가지고 있는 허브에 도구들을 묻어둡니다.

　물 정화법 : 정화할 도구들을 크리스탈 그릇에 넣고 맑은 샘물 혹은 성수를 부은 후 보름달의 달빛 아래 하룻밤 동안 놓아둡니다. 또 다른 물 정화법으로, 자연적으로 흐르는 물에 도구들을 넣어둠으로서

부정적인 에너지가 흘러 내려가게 합니다. 단, 물에 닿으면 손상되는 도구들은 이 방법을 쓰지 않도록 합니다.

소금 정화법 : 정화할 도구들을 그릇 안에 넣고 소금을 부어 덮은 후 소금이 안 좋은 에너지를 흡수하도록 보름달의 달빛 아래 하룻밤 동안 놓아둡니다. 이 방법은 물에 닿으면 안 되는 도구들의 정화법으로 좋습니다.

연기 정화법 : 정화의 에너지를 가지고 있는 스머지(Smudge: 주로 Sage)나 허브를 향로에 태우며 그 연기에 도구들을 쬐어줍니다.

소리 정화법 : 맑고 청아한 높은 진동의 크리스탈 볼이나 싱잉볼(Singing Bowl), 튜닝 포크(Tuning Fork) 또는 종의 소리를 내서 퍼지게 함으로서 정화하는 방법입니다.

이 외에도 크리스탈을 사용하거나 오일 등을 사용해서 정화하는 방법도 있습니다.

CHAPTER 5

훈련법

　이　훈련법들은　마법　리추얼을　하기　위한 준비운동쯤으로 생각하시면 됩니다. 잡다한 생각과 긴장된 신체로 리추얼을 해서는 성공하기 어렵습니다. 적어도 몸과 마음을 평상시와는 다른 상태로 진지하게 리추얼에 임해야 하겠습니다.

이완법

   몸이 긴장 상태에서는 제대로 된 마법을 행할 수 없으므로 몸과 마음을 이완하는 것은 의식 전 반드시 필요한 매우 중요한 단계입니다.

   눈을 감고 편안한 자세로(눕는 것이 이완이 쉽게 됨) 발가락부터 시작해서 몸 전체의 힘을 빼고 이완합니다. 발가락에서 발, 종아리, 허벅지, 배, 가슴, 양팔, 목, 얼굴 그리고 머리의 순으로 한 부위씩 기운이 빠지는 것을 느끼며 천천히 이완합니다.

   성공적으로 이완이 되면 자신의 몸이 빛으로 둘러싸인 것을 느낄 수 있습니다. 그 빛이 충분히 몸 구석구석에 퍼져 자신조차 빛과 하나가 됨을 느껴봅니다.

   너무 이완하려 애쓸 필요는 없습니다. 애쓰는 과정에서 더 긴장될 수 있으니까요. 저절로 자연스럽게

천천히 편안하게 하시면 됩니다. 처음부터 잘 안 되더라도 반복할수록 차차 나아지는 것을 경험할 수 있습니다.

호흡법

눈을 감고 이완을 한 후 숨을 깊게 들이마신 후 천천히 내뱉습니다. 이 과정을 몇 번 반복 하고나서 호흡에 리듬을 실어 원래의 자연스러운 호흡으로 돌아갑니다. 호흡을 부드럽게 들이마시고 내쉼에 집중하며 아무런 생각도 하고 있지 않다 보면 평화로운 감정이 온 몸에 충만해질 것입니다.

잡생각이 많아진다면 호흡에 좀 더 집중하고 몸을 느껴봄으로서 의식적으로 자신을 순간으로 다시 끌어들여 호흡 안에서 이완 할 수 있게 합니다. 몸의 긴장이 풀리고 영적인 에너지가 높아지면서 살짝 떠있는 기분이 들게 될 것입니다.

명상법

　명상법에는 여러 가지 방법들이 있으며 따로 정해진 방법이 있는 것이 아니므로 자신에게 맞는 명상법을 찾아서 행하면 됩니다. 앉아서 혹은 누워서 할 수도 있고 명상 음악을 듣거나 챈트(Chant)를 소리 내어 부르거나 자연의 소리를 들으며 할 수도 있습니다.

　명상은 마음을 바로 잡고 몸과 마음을 열어주어서 조율 될 수 있는 상태로 만들어주며 영적인 능력을 증강시켜 줌으로서 마법 리추얼에 적합한 상태로 만들어 줍니다. 또한 스트레스 레벨을 낮춰주며 근육을 이완해 주고 마음을 비우게 하며 신경계를 안정시켜 주는 훌륭한 방법입니다. 하면 할수록 쉽게 깊은 명상에 들어갈 수 있게 됩니다.

　시작하기 전에는 그 무엇으로부터도 방해받지 않기 위해 모든 전화기와 컴퓨터, 텔레비전, 라디오 등을 모두 끈 후 두 눈을 감고 편안한 자세로 시작을 하면

됩니다. 필요하면 초를 켜고 오일이나 향을 태운 후 명상을 해도 됩니다.

명상은 우선 이완법과 호흡법을 시행 한 후에 시작하는 것이 좋습니다. 자세는 등을 바로 세우고 두 발을 땅에 붙이고 두 손은 무릎에 손바닥을 위로하고 의자에 편안히 앉아서 합니다. 침대나 쿠션에 앉아서 할 경우 두 발을 쭉 펴고 두 손은 다리 위에 올려놓습니다.

마음속의 모든 것들을 다 놓아버리고 내면의 에너지가 흐르는 것을 느끼며 적어도 15분 이상 명상을 합니다. 마무리는 눈을 감은 같은 자세에서 10부터 1까지 세고 나서 눈을 뜹니다. 몇 분 동안 움직이지 않고 그대로 머물러 있습니다.

명상을 끝내고 나서 어떤 느낌이 드는지 - 느낌이 다른지, 감각이 높아졌는지, 주변의 색이 더 선명하게 보인다든지, 앉아있는 의자나 쿠션을 손가락 끝으로

만져보고 느낌이 더 예민해 졌는지 - 평소와 어떻게 다른지 느껴보도록 합니다. 보통 명상 후에는 미각, 촉각, 시력, 후각, 청각의 감각들이 평소보다 높아집니다. 그러면 드디어 마법을 시작할 몸과 마음의 준비가 끝난 것입니다.

기도법

기도는 마법의 필수적인 부분이자 마법 의식의 본질이라 할 수 있습니다. 여기서의 기도는 보통 기독교에서 합장하고 기도하는 것만을 말하는 것이 아니라 춤, 음악, 노래, 챈트 등을 모두 포함하는 것입니다.

명상이나 심상화 등이 무의식적인 부분을 훈련하기 위한 것이라면 기도는 이 훈련된 무의식을 의식으로 끌어내기 위한 훈련법이라고 할 수 있습니다. 훈련된 무의식을 춤이나 음악, 노래, 챈트 등으로 자신의

소망을 기원하는 마음을 우주에 발산하는 것이지요. 그 파장을 우주 에너지에 발산시켜 보낸 다음 이 기도에 남신과 여신의 대답이 돌아오길 기다립니다.

기도는 본인 혼자 혼잣말을 하는 형식적인 것이 아니라 대자연의 남신과 여신에게 진심 어린 열린 마음으로 정성을 바치는 것입니다.

기도는 기본적으로 네 가지 순서로 진행합니다. 기도의 대상에 대한 축복, 원하는 바를 요청, 감사의 마무리 그리고 마무리 문구로 이루어집니다.

기도나 챈트로 진행하는데 챈트의 마무리 문구로는 항상 "So mote it be(그대로 이루게 해 주소서)"를 외움으로서 마무리를 합니다. 기독교의 '아멘'과 같은 뜻이라고 보면 됩니다.

상상법

   시각화 또는 심상화라고도 합니다. 시각화는 스펠을 행할 때 매우 중요합니다. 마법이 잘 작동하기 위해서는 상상해야 할 그림이나 물건 혹은 사람의 상이나 상황을 잘 떠올릴 수 있어야 합니다. 그래야 마법에 강한 힘이 실리는 것입니다.

   마법 중 원하는 상대의 얼굴이나 모습 또는 원하는 상황을 잘 떠올릴 수 있어야 마법의 힘이 더 강하게 작용해서 성공 확률이 높아지기 때문에 이 상상법은 충분히 훈련한 다음에 리추얼을 행하는 것이 좋습니다.

   시각화를 쉽게 훈련하는 방법에는 촛불을 이용한 훈련법이 있습니다.

1. 우선 조용하고 어두운 곳에서 촛불을 켜고 그 앞에 편안히 앉습니다.
2. 불꽃을 직접적으로 보는 것이 아니라 불꽃의

아랫부분을 봅니다. 불꽃 아랫부분의 파란색 오라가 시각화를 하는데 효과적이기 때문입니다.
3. 불꽃을 응시하고 그 잔상이 마음속에 남도록 합니다.
4. 충분히 초를 응시했다고 생각되면 눈을 감고 초가 타는 이미지를 상상합니다. 촛불이 타오르는 모습과 초의 색깔, 초가 녹아서 떨어지는 모습, 그리고 녹은 초가 어떻게 심지 밑에서 맑은 액체로 변하는지를 봅니다.
5. 더 이상 초가 보이지 않을 때까지 상상으로 봅니다.
6. 이 과정을 한 번 더 합니다.
7. 일주일간 이 시각 훈련법을 반복해서 연습합니다.

일주일간 연습한 후에 촛불을 사용하지 않고 마음속에 초를 그리는 것을 시도해 봅니다. 촛불 이미지를 쉽게 상상할 수 있게 되면 다른 물건들을 이용해서 같은 방법으로 연습하고 어려우면 다시 촛불로 연습하기를 반복합니다. 그러다보면 나중에는

매우 쉽게 물건을 보지 않고도 눈만 감으면 바로 심상화가 되고 더 나아가 눈을 감지 않고도 이미지가 떠오르게 할 수 있게 됩니다.

촛불을 보고 쉽게 심상화가 된다면 그 다음 단계로 사과 없이 사과의 모양을 마음속에 그려봅니다. 그 사과를 손으로 잡아보고 무게감을 느끼고 냄새를 맡아봅니다. 어떤 모양의 사과인가요? 무슨 색깔인가요? 감촉은 어떻고 무슨 냄새가 나나요? 사과에 대해 상세하게 시각화를 시켜봅니다.

다음 단계로 이 훈련을 능숙하게 할 수 있게 되면 사람을 대상으로 훈련해 봅니다. 처음엔 사진을 이용해 시작합니다. 그 사람이 주변에 서있는 모습을 상상합니다. 얼마나 오래 그 사람의 상을 유지할 수 있는지 시험해 봅니다.

그리고 나선 사람의 상이 동물의 모습이 되는 것을 연습합니다. 어떤 동물이든 상관없습니다. 그 동물이

내가 되어 하늘을 날거나 물속을 헤엄치거나 평야를 달리는 것을 상상해 봅니다. 그 동물의 시각으로 세상이 어떻게 보이나요? 자유로이 시각화가 될 때까지 반복적으로 훈련합니다.

CHAPTER 6

성스러운 공간과 마법원

성스러운 공간 Sacred Space

성스러운 공간이란 기본적으로 어떤 것으로 부터도 방해받지 않고 나 혼자만의 시간을 보낼 수 있는 자신만의 파워 스팟(Power Spot), 즉 힘을 가진 공간입니다. 이 성스러운 공간이 자연 속의 에너지 스팟 - 에너지가 특별히 많이 모여 에너지가 강한 장소 - 처럼 취급이 된 것은 많은 수의 마녀들이 자연친화적이기에 숲에서

위치크래프트를 행했기 때문입니다. 하지만 현대에는 산이나 숲속에서 찾을 필요 없이 나 혼자만이 있을 수 있는 공간이면 넓건 좁건 간에 어디나 무방합니다.

내부에 성스러운 공간을 만드는 경우

같이 사는 사람이 있거나 애완동물들이 있을 경우엔 그들로부터 방해받지 않도록 각별한 주의가 필요합니다.

가구는 최소한도로 줄이고 이 공간이 마법을 위한 성스러운 공간, 즉 마법을 행하는 공간이라는 것을 되새겨 줄 수 있는 물건들을 걸어 놓거나 배치하여 분위기를 만드는 것이 좋습니다. 이는 리추얼에 임하는 마음의 자세를 빨리 준비할 수 있는 방법입니다. 하지만 꼭 그렇게 해야 하는 것은 아닙니다.

시끄러운 소음이나 주위에서 들릴 수 있는 다른 어떤

소리들로부터 안전한 고요하고 평화로운 분위기를 만들어야 합니다. 바닥이 나무나 타일이라면 벽색깔과 비슷한 카펫을 까는 것이 리추얼에 도움을 줍니다. 리추얼 도중 앉아야하는 경우도 있는데 편안한 자세를 위해서는 딱딱한 바닥보다는 카펫이 낫기 때문입니다.

여의치 않다면 이러한 조건들을 완벽하게 충족시키지 않아도 됩니다. 중요한 것은 리추얼에 대한 정신, 열정 그리고 믿음이기 때문이지요. 이러한 진정한 자세는 미흡한 형식적인 공간을 커버할 수도 있다는 것을 기억하시기 바랍니다.

외부에 성스러운 공간을 만드는 경우

자연 속에서 성스러운 공간을 찾을 땐 시간과 직관력이 필요합니다. 집 마당을 성스러운 공간으로 사용하기로 결정했더라도 마당 안에서 자신만의 스팟을 따로 찾아야 합니다. 마당을 구석구석 다

다녀보면서 신체의 감각에 집중해 봅니다. 뭔가 평상시와 다른 느낌을 받는 자리가 있을 것입니다. 갑자기 열이 살짝 오른다던지 추운 느낌이 난다던지 또는 단전(아랫배)이 따뜻해진다던지 하는 신체의 변화가 감지되는 자리가 있습니다. 그 자리가 바로 자신에게 맞는 파워 스팟입니다.

펜듈럼을 이용하는 것도 성스러운 공간을 찾는 하나의 방법입니다. 펜듈럼은 주로 수맥을 찾는데 쓰인다고 많이 알려졌는데 좋은 장소를 찾는데도 사용된답니다. 펜듈럼은 자신의 무의식과 연결되어 있기 때문에 성스러운 장소를 찾는다는 명확한 생각을 가지고 펜듈럼을 손에 들고 다녀보면 어디선가 움직임이 다른 장소가 발견됩니다. 보통 펜듈럼이 빙빙 돌거나 좌우로 흔들리거나 합니다. 이곳이 바로 성스러운 공간으로 쓰일 파워 스팟입니다. 주변의 정령이나 신들에게 장소를 찾게 해 달라고 소리 내어 부탁하면 더 잘 찾아질 수도 있답니다.

마법원 Magick Circle

성스러운 공간은 물리적인 공간뿐만이 아니라 형이상학적인 공간의 확립도 필요합니다. 이 형이상학적인 공간을 마법의 원이라고 하고 마법원을 일으키는 것을 '캐스팅 더 서클(Casting the Circle)'이라고 합니다. 즉 마법원은 만드는 것이 아니라 다른 세계에 있는 것을 불러일으키는 것입니다.

마법원을 그리는 것은 현실 세계와 다른 세계와의 일종의 결계를 형성하는 것과 같은 것입니다.

우선 성스러운 공간을 정화합니다.

보통 원 만을 상상하며 기도문을 외우면서 자신의 검지 손가락이나 단검에서 빛의 에너지가 레이저처럼 나간다고 생각하면서 행하는 것이 대부분입니다. 원의 중심에서 시계 방향으로 돌면서 왼손을 45도 정도로 내려뜨리고 손가락이나 단검에서 빛의

에너지가 땅에 닿아 빛으로 원을 새기는 형식입니다. 시각화에 약하다면 소금을 뿌려서 혹은 끈으로 원 모양을 만들어도 되는데 반드시 원에서 빛이 난다는 상상만이라도 같이 해 주는 게 좋습니다. 이때 원의 크기는 원 안에 제단을 차려 놓고 리추얼을 할 수 있는 충분한 크기의 원이어야 합니다.

 마법원은 이 세계와 다른 세계들에서 힘을 가지는 보이지 않는 경계가 됩니다. 일단 마법원을 일으키고 봉인이 되면 리추얼이 모두 끝나고 원소들이 떠날 때까지 마녀 자신을 포함한 그 어떤 것도 경계선을 넘나들지 않도록 주의해야 합니다. 그렇지 않으면 마법으로 일으킨 힘의 흐름이 깨질 수 있습니다.

 마법 리추얼이 모두 끝나고 마무리 되면 단검으로 원의 반시계방향으로 마법원을 소거합니다. 그러면서 은파란 색의 불꽃이 단검을 따라 점차로 사라지는 것을 상상합니다. 마법원 안의 다른 세계의 공간이 사라지게 됩니다.

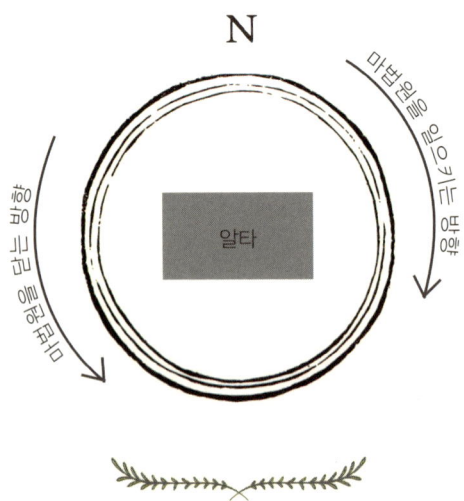

마법원을 일으키는 리추얼

리추얼 도구인 단검을 손에 쥐고 바닥을 향하게 한 후 강한 은파란 색의 불꽃이 단검이 향한 곳에서 일어나는 것을 시각화하고 원의 동쪽에서부터 돌면서 원을 그리기 시작합니다. 불꽃으로 시계방향으로 원을 그리며 원을 완성하는데 이때 원의 모양은 그다지 중요하지 않습니다. 내면의 눈으로 보았을 때

은파란 색의 불꽃으로 원의 경계선이 완벽하게 이루어졌는지가 중요한 것입니다.

마법제단을 세팅할 때에는 나침반을 이용해 사대원소의 상징에 해당하는 마법도구들 그리고 촛불들을 원의 안쪽 네 방향으로 정확하게 준비를 합니다. 긍정적인 마법을 사용할 때는 시계방향으로 원을 그리고, 배니싱이나 저주에 관한 마법을 사용할 때는 반시계방향으로 원을 그려줍니다.

마법제단은 북쪽을 바라보게 세팅합니다.

제단의 뒤편에 서서 동쪽을 바라보며 단검을 높이 들고 인사의 주문을 외웁니다.

시간이 아닌 시간
공간이 아닌 공간
날이 아닌 날에
저는 미스터리의 베일 앞

세계와 세계 사이의 문턱에 섭니다
고대의 존재들이여
저의 여행에서 저를 도와주시고 보호해 주소서

물이 든 성배를 펜타클 위에 올리고 단검을 높이 들고 주문을 외웁니다.

위대한 어머니, 당신을 위해 바치는
이 물을 축성해 주소서
재탄생의 이 물을 항상 기억하게 하소서

소금 위로 단검을 들고 주문을 외웁니다.

위대한 어머니, 당신을 위해 바치는 흙의 존재를
축성해 주소서
여러 형태와 존재의 축성된 흙을
항상 기억하게 하소서

소금을 조금 물속으로 뿌리면서 펜타클을 성배로

살짝 건드립니다. 그리고 나서 성배를 높이 들고 주문을 외웁니다.

위대한 어머니, 명예로움을 드립니다

동쪽에서 시작해 시계방향으로 움직이면서 소금물을 마법원 주변에 뿌립니다. 성배를 다시 제단 위에 두고 향이 타고 있는 향로 위로 단검을 들고 주문을 외웁니다.

위대한 아버지, 당신을 위해 바치는
이 불의 존재를 축성해 주소서
모든 형태의 존재들이 춤을 추는
성스런 불을 항상 기억하게 하소서

향 위로 단검을 들고 주문을 외웁니다.

위대한 아버지, 당신께 바치는
이 공기의 존재를 축성해 주소서

*고대 존재의 소리를 가져다준 바람의 영혼을
항상 들을 수 있게 하소서*

파우더 향을 차콜 위에 조금 올리고 향로로 펜타클을 살짝 건드립니다. 그리고 나서 버너를 높이 들고 주문을 외웁니다.

위대한 아버지, 명예로움을 드립니다

향로를 들고 원의 동쪽에서 시작해 시계방향으로 원 주위를 돕니다. 향로를 다시 제단 위에 놓고 원의 동쪽으로 가서 노란색 초를 켠 후 손에 들고 인사의 주문을 외웁니다.

*이 의식의 증인이며 이 원을 수호하는 공기의 힘이여,
내가 너를 부른다*

원의 남쪽으로 가서 빨간색 초를 켠 후 손에 들고 인사의 주문을 외웁니다.

이 의식의 증인이며 이 원을 수호하는 불의 힘이여,
내가 너를 부른다

원의 서쪽으로 가서 파란색 초를 켠 후 손에 들고 인사의 주문을 외웁니다.

이 의식의 증인이며 이 원을 수호하는 물의 힘이여,
내가 너를 부른다

원의 북쪽으로 가서 녹색 초를 켠 후 손에 들고 인사의 주문을 외웁니다.

이 의식의 증인이며 이 원을 수호하는 흙의 힘이여,
내가 너를 부른다

제단 가운데로 다시 돌아와서 동쪽을 보고섭니다. 두 팔을 들어 올려 인사의 주문을 외웁니다.

*이 원은 주위 모든 힘의 경계다
나는 보호를 받으며 세상의 경계에 서 있다*

준비한 리추얼이나 스펠을 행합니다. 끝나고 나면 제단 위로 단검을 들고 주문을 외웁니다.

*고대 신들의 힘으로
나는 이 원 안에서 모든 힘을 이 스펠로 결속시킨다
그대로 이루게 해 주소서*

각 방향마다 주문을 외울 때 그 방향에 해당하는 신께 간청하면 여섯 방향과 마법원의 보호를 위한 신의 힘이 강화되고 충전됩니다.

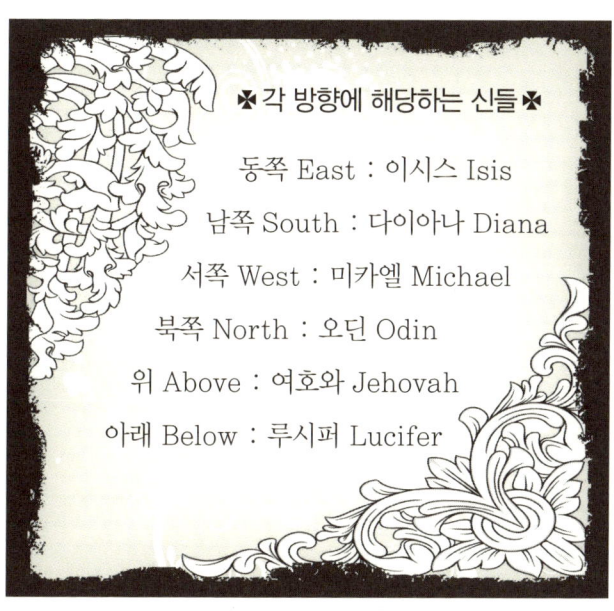

✤ 각 방향에 해당하는 신들 ✤

동쪽 East : 이시스 Isis

남쪽 South : 다이아나 Diana

서쪽 West : 미카엘 Michael

북쪽 North : 오딘 Odin

위 Above : 여호와 Jehovah

아래 Below : 루시퍼 Lucifer

마법원을 닫는 리추얼

리추얼을 끝낼 준비가 되면 동쪽으로 가서 노란색 초를 끈 후 주문을 외웁니다.

공기의 힘이여 평화 속에 떠나라
나의 감사와 축성과 함께

남쪽으로 가서 빨간색 초를 끈 후 주문을 외웁니다.

불의 힘이여 평화 속에 떠나라
나의 감사와 축성과 함께

서쪽으로 가서 파란색 초를 끈 후 주문을 외웁니다.

물의 힘이여 평화 속에 떠나라
나의 감사와 축성과 함께

북쪽으로 가서 녹색 초를 끈 후 주문을 외웁니다.

흙의 힘이여 평화 속에 떠나라
나의 감사와 축성과 함께

제단으로 돌아온 후 주문을 외웁니다.

> 보이는 그리고 보이지 않는 모든 존재와 힘이여,
> 평화 속에 떠나라
> 우리 사이는 항상 조화로울 것이다
> 나의 감사와 축성과 함께

리추얼에 쓰여지고 남은 힘의 잔재를 돌려보내기 위해 단검을 반시계방향으로 움직이며 마법원을 소거하며 주문을 외웁니다.

> 원은 열렸지만 원으로 남으리라
> 나와 나의 주변엔 항상 이 힘이 흐르리라

리추얼에 쓰여진 마법도구들을 정리하고 제단을 깨끗이 정돈합니다. 사용된 모든 접시들은 깨끗이 씻고 남은 봉헌한 음식들(봉헌 리추얼이나 축일 리추얼을 했을 경우)은 정령들을 위해 바깥에 남겨둡니다.

CHAPTER 7

사밧과 에스밧

사밧 Sabbat

사밧은 마녀의 축제들 중에서 가장 중요한 세라모니 즉 축제입니다. 여신에게 바치는 여성적 에너지의 네 가지 큰 사밧(Grand Sabbat)과 - Samhain, Imbolic, Beltain, Lughnassadh - 남신에게 바치는 남성적인 에너지를 가지고 있는 네 가지 작은 사밧(Lesser Sabbat) - Ostara, Litha, Mabon,

Yule - 이 있습니다.

사밧은 8개의 절기일인 동지, 하지, 춘분, 추분, 입동, 입하, 입춘, 입추를 말합니다. 이 특별한 날들을 기념하기 위해서 축제를 벌이는 것입니다.

사밧은 태양의 힘에 대한 축제이기 때문에 에너지를 분출하는 행위를 합니다. 여럿이 모여 함께 춤을 추거나 노래를 부르거나 하는 것을 바로 이 사밧에 하게 됩니다. 주로 야외나 실외에서 행합니다.

삼하인 Samhain - 입동

10월 31일-11월 1일 : 어두운 반년의 시작 (Dark)
관련 홀리데이 : 할로윈
관련 원소 : Water/Earth

전갈자리에서의 첫 번째 보름달. Samhain

은 여름의 끝이란 뜻이며 마녀들의 새해의 시작을 표시합니다. 이 세상과 저 세상의 장막이 가장 얇아지는, 즉 가까워지는 날입니다. 죽은 영혼들과의 소통이 가장 쉬워지는 날이며 영혼들이 가장 많아지는 날입니다.

'죽은 자들의 축제'라고 불리기도 합니다. 영혼 세계의 조상들이나 죽은 사랑하는 사람들, 그리고 영혼의 안내자들을 기념하기 위한 날입니다. 그런 의미에서 할로윈에는 영혼을 위해 전통적으로 사탕을 주거나 과자나 케이크를 줍니다. 죽은 영혼들이 집안에서 길을 잃거나 혼란스럽지 않고 집을 통과해 갈 수 있도록 문과 창문을 모두 열어두어야 합니다.

또한 점술과 접신의 힘이 강력하게 작용하는 시기입니다. 영적인 흐름이 제일 높아지는 시기이므로 마법, 점술 혹은 내면의 작업을 하기 매우 좋은 때라고 할 수 있습니다.

Samhain은 수확의 끝과 다가오는 겨울의 준비를 축하하는 축제입니다. 삶과 죽음의 순환 안에서 자연의 변화와 변신을 반영하지요.

율 Yule - 동지

12월 20-22일 : 동지를 축하 (Dark)
관련 홀리데이 : 크리스마스
관련 원소 : Earth

겨울과 태양신의 부활을 기념하는 축하하는 날입니다. 따뜻함과 수확의 결실을 주는 태양을 가져다주는 신은 더 나은 시기가 올 것을 약속합니다.

Yule은 마녀들에게 '위대한 어둠의 시간'으로 불리우며 가장 춥고 가장 어두운 시기입니다. 이 날은 일 년 중 가장 짧으며 어둠이 가장 긴 이 시기 이후에는 태양이 더 강한 성장을 시작할 것이라는 것을 알려줍니다. 이 날은 빛의 축제로 새로 태어날

신성한 아이를 위해 나무와 제단에 가장 많은 초를 장식합니다.

기독교인들의 가장 큰 축제인 크리스마스는 세상을 밝히는 태양의 재탄생이 다가옴을 축복하는 고대 마녀들의 전통을 변형한 것이라 전해집니다. 마녀의 전통에서 태양의 아이가 대지의 여신에게서 태어난 것처럼 기독교에서는 성모 마리아에게서 신성한 아이가 태어납니다.

크리스마스의 대표적인 식물 중 하나가 겨우살이(Mistletoe)이지요. 서양에서는 이 겨우살이 아래서 마주치는 남녀는 반드시 키스를 해야 한다는 전통이 있습니다. 모르는 사이임에도 불구하고 겨우살이 아래에서 하는 키스는 용납을 한다고 합니다. 키스를 하지 않으면 오랫동안 프로포즈를 받지 못한다고 믿으니까요. 이러한 이야기는 로맨틱 영화나 노래 가사의 소재로 많이 등장합니다.

겨우살이 아래서 키스하는 것도 옛날 유럽 켈트

(Celt)의 전통입니다. 겨우살이는 성스러운 식물이라 여겨졌으며 땅위에서 자라지 않고 나무에서 기생하기 때문에 두 세계의 사이에서 자라는 상징적인 식물이라고 말합니다.

Yule은 가족과 친구들, 평화와 사랑, 그리고 긍정 에너지를 축하하는 시기입니다.

임볼릭 Imbolic - 입춘

2월 1일 : 어떤 그룹은 2월 2일이라고도 함 (Dark)
관련 홀리데이 : 발렌타인데이
관련 원소 : Earth/Air

Imbolic은 봄의 시작과 어린 신의 성장을 축하하며 정화와 새로 태어난 어린 양들의 시간입니다. 성장과 소생을 준비하는 소녀의 축제이며 정화를 하는 시기입니다. 겨울이 지나고 대지의 새 생명과 태양의 힘이 강해지는 것을 표현합니다.

　태양이 더 밝게 빛나고 대지가 겨울의 한기를 떨쳐버릴 수 있게 이 축제에는 많은 캔들을 사용합니다. 그래서 이 축제는 '캔들마스'라고 불리기도 합니다.

　탄생, 힐링과 영감, 정화와 새로운 시작, 미래를 보며 다가오는 해에 소망과 꿈과 야망을 결정하는 시기입니다. 또한 이니시에이션과 자기 헌신의 시기이기도 합니다.

오스타라 Ostara - 춘분

3월 20-22일 : 춘분을 축하 (Dark)
관련 홀리데이 : 부활절
관련 원소 : Air

　봄의 첫 번째 날. 낮과 밤의 길이가 같고 빛과 어둠이 완벽히 조화를 이루어 봄꽃이 만개하는 봄의 절정인 춘분을 축하하는 시기입니다. 이 축제는 여러

가지 형태로의 생명의 재탄생을 축하합니다.

이 날을 축하하는 방법으로는 영혼들이나 정령들을 위해 재탄생의 상징인 계란을 형형색색으로 칠하고 숲이나 정원에 남겨둡니다. 이것 또한 기독교가 받아들인 마녀들의 전통 중 하나입니다. 기독교에서는 부활절에 계란들을 예쁘게 칠한 후 어른들이 마당이나 공원에 숨겨놓으면 아이들이 하나씩 찾아내며 즐거워하는 모습을 볼 수 있습니다. 옛날 마녀들이 어른들이 하듯 계란을 숲이나 정원에 두고 오면 어린아이들이 찾아내듯 그곳의 영혼들이나 정령들이 찾아내서 감사히 먹었겠지요.

Ostara에 계란들은 신성한 의식에 쓰인 후 참여한 이들이 나눠 먹습니다.

빛이 어둠을 앞지릅니다. 이 시기는 새로운 시작과 신선한 아이디어를 꾀하는 때입니다. 다가오는 해의 소망과 꿈을 진지하게 명상합니다.

벨테인 Beltain - 입하

5월 1일 : 밝은 반년의 시작 (Light)
관련 원소 : Air/Fire

황소자리의 첫 번째 보름달이 뜨는 날이며 자연의 황홀감과 함께하는 풍요의 축제입니다. 여름의 시작을 축하하고 생명의 축제라는 점에서 죽음의 축제인 Samhain의 반대에 위치합니다. 여신과 남신의 화합을 축하하기 위해 꽃을 사용합니다.

Beltain은 불과 풍요로움의 축제입니다. 5월의 기둥(Maypole) 주위를 돌며 춤을 추고 모닥불을 피움으로서 나쁜 영들을 쫓아버립니다. 자연이 가장 풍요로운 이 때에 삶에 주어진 모든 것들에 감사하는 시기입니다.

리타 Litha - 하지

6월 20-22일 : 하지를 축하 (Light)
관련 홀리데이 : 세례자 요한의 기념 축일
관련 원소 : Fire

일 년 중 낮이 가장 길며 여름이 절정인 시기입니다. 생명과 태양의 가장 강력한 힘을 가지고 빛나는 이 날을 축하하지만 이 시기 이 후로는 태양의 힘이 약해질 것이고 낮의 길이가 짧아질 것을 알고 있습니다.

마법의 힘이 가장 강력하게 작용을 하기 때문에 마법, 허브 채취, 정화와 신성 의식을 하기에 좋은 시기입니다. 해가 진 후에는 모닥불을 크게 피우고 리추얼을 하기 좋습니다.

루나사 Lughnassadh – 입추

8월 1일 : 어떤 그룹은 8월 2일 이라고도 함 (Light)
관련 홀리데이 : 추수감사절(Thanksgiving Day)
관련 원소 : Fire

사자자리의 첫 번째 보름달이 뜨는 날이며 태양신의 힘이 작아지고 달의 여신의 힘이 커지는 시기입니다.

수확의 시작을 축하하며 가을이 시작됩니다. 풍요로움을 주신 것에 감사하며 첫 번째 결실을 대지의 여신에게 바치는 축제입니다. 그 해에 새로 수확한 곡물 등으로 빵을 구워 여신께 바칩니다. 생명과 풍요의 축제이자 수확과 죽음의 생명 순환의 완성을 축하합니다.

전통적으로 기술과 힘을 시험하는 경쟁을 하는 시기입니다. 나라마다 수확을 하는 시기에 우리나라의 씨름과 같이 힘을 겨루는 놀이가 있는 것도 이 때문이겠지요.

마본 Mabon - 추분

9월 20-22일 : 추분을 축하 (Light)
관련 원소 : Water

가을의 첫 번째 날. 낮과 밤의 길이가 다시 같아지며 빛과 어둠이 균형을 이룹니다. 그리고 태양의 힘이 약해지고 죽음의 상징인 겨울이 서서히 다가오는 시기입니다. 또한 여름의 식물들이 과실을 떨구고 죽어가는 생명의 힘이 쇠퇴하는 시기입니다.

두 번째 수확의 축제이며 작물들과 수확에 감사합니다. 수확을 끝내고 노동 후의 긴 휴식을 취하는 날이기도 합니다.

달의 여신이 어머니에서 노파로 진행되는

단계입니다. 신의 힘이 약해지면서 다시 태어나기 위해 죽음의 날인 Samhain에 지하 세계를 지나야 합니다. 이를 위한 준비를 하는 시기가 Mabon입니다. 신의 재탄생은 수확물의 씨앗에서 찾을 수 있습니다. 씨앗이 다시 싹을 틔우기 위해선 땅 속에서 겨울을 나는 동안 푹 쉬면서 힘을 비축해야 하듯이 다음 해를 위해 모든 일을 멈추고 휴식하며 행복 해 합니다. 아주 멋진 균형과 화합을 축하하는 축제입니다.

Mabon에는 보호, 부와 풍요, 안전에 관한 스펠로 자신감을 불러일으키기 적절한 시기입니다. 균형과 화합의 축제인 만큼 집이나 방에 균형과 화합의 에너지를 불러오는 스펠을 하는 것이 좋겠습니다.

사밧 리추얼 Sabbat Ritual

매 절기에 해당하는 사밧을 축하하고 기념하기위해

달빛의 기운을 받으며 리추얼을 행합니다.

〈추가 마법도구〉
와인을 담은 성배
하얀색 긴 초(테이퍼 캔들)를 세운 가마솥
마법 장신구 한개
향기나는 오일
*기본 도구들 준비 후 추가 마법 도구들을 제단위에
같이 올려 놓습니다

리추얼 전 명상으로 스스로를 준비합니다.
마법원을 일으킵니다.
두 손가락으로 소금을 집어 혀 위에 올린 후 주문을
외웁니다.

저는 트리플 여신과 위대한 신의
사랑과 보호를 받고있는 존재입니다
위대한 어머니를 통해 모든 것은 탄생했고
그녀의 신성한 가마솥을 통해

저는 이 세상에 들어오고 나갑니다
이것을 통하지 않고는 다시 돌아오지 못합니다

향이 나는 오일을 펜타클 위에 올리고 제단 앞에
무릎 꿇고 주문을 외웁니다.

저, (이름)는 저의 의지로
이 성스러운 공간에 들어왔습니다
저는 저의 삶을 여전히 강한 힘을 가진 고대
신들에게 바치기 위해 여기 왔습니다
여기서 저는 진정한 지혜와 지식으로 인도하는
마녀의 길을 따르기로 맹세합니다
위대한 여신께 봉사하고 위대한 신을 숭배하겠습니다
저는 이 대지에 균형있게 서있으나 인고의 시간을
견디는 고대 마법원의 돌인 마녀입니다
고대 신들이여, 저의 말과 함께하소서

일어나서 마법원의 동쪽으로 이동합니다.

보라, 공기의 힘이여!
나, (이름)는 신과 여신을 섬기는 자다

마법원의 남쪽으로 이동합니다.

보라, 불의 힘이여!
나, (이름)는 신과 여신을 섬기는 자다

마법원의 서쪽으로 이동합니다.

보라, 물의 힘이여!
나, (이름)는 신과 여신을 섬기는 자다

마법원의 북쪽으로 이동합니다.

보라, 흙의 힘이여!
나, (이름)는 신과 여신을 섬기는 자다

다시 제단으로 돌아가서 향기나는 오일을 자주

쓰는 손의 검지 손가락에 한 방울 떨어뜨린 후 이마에 바르고 주문을 외웁니다.

저의 마음이 당신의 진실을 열게 하소서

입술에 바른 후 주문을 외웁니다.

저의 입이 믿는자들 사이에서 조용하게 하소서

심장에 바른 후 주문을 외웁니다.

저의 심장이 당신을 항상 찾게 하소서

양손 손바닥 가운데 바른 후 주문을 외웁니다.

저의 손을 올려 당신을 찬양하게 하소서

두 발등에 바른 후 주문을 외웁니다.

저의 발이 항상 당신의 성스러운 길을 걷게 하소서

신의 축복을 받으며 잠시 조용히 서 있습니다. 장신구를 들어 펜타클 위에 올리며 주문을 외웁니다.

모든 마법적인 일들을 위해 이것을 걸칠 것입니다
고대 신들이시여, 저의 가는 모든 길의
축복과 보호를 위해
이 (장신구 이름)을 축복해 주소서

와인이 든 성배를 펜타클 위에 몇 분 동안 올려둡니다. 그리고 나서 성배를 높이 들어 올리고 주문을 외웁니다.

고대 신들이여!
만나고 흩어지고 또 다시 만나게 하소서

와인을 마신 후 조금 남겨두어 나중에 정령들을 위해 바깥에 놔둡니다.

잠시 명상을 합니다.
마법원을 닫습니다.

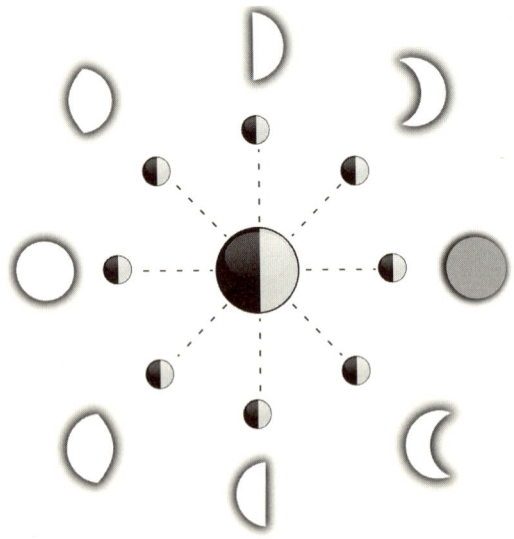

에스밧 Esbbat

에스밧은 8개 사밧들 중 동지, 하지, 춘분, 추분의 4개 절기의 사이사이에 뜨는 세 번의 보름달을 말합니다. 특히 어떤 절기에 보름달이 네 번 뜨게 되면 이 네 번째 보름달을 '블루문'이라고 해서 특별한 마법적인 힘이 깃들어서 매우 강력한 힘이 있다고 믿습니다. 그렇기 때문에 이날 밤 마법을 행하는 마녀들의 힘이 훨씬 강해지는 것은 당연한 일이겠지요.

동지에서 춘분 사이
겨울의 첫 번째 달 : Moon after Yule(율 다음 달)
겨울의 두 번째 달 : Wolf Moon(늑대달)
겨울의 세 번째 달 : Lenten Moon(사순의 달)

춘분에서 하지 사이
봄의 첫 번째 달 : Egg, Easter, or Paschal Moon
(달걀/부활절/유월절의 달)

봄의 두 번째 달 : Milk Moon(우유달)
봄의 세 번째 달 : Flower Moon(꽃달)

하지에서 추분 사이
여름의 첫 번째 달 : Hay Moon(건초의 달)
여름의 두 번째 달 : Grain Moon(곡식의 달)
여름의 세 번째 달 : Fruit Moon(과일달)

추분에서 동지 사이
가을의 첫 번째 달 : Harvest Moon(추수의 달)
가을의 두 번째 달 : Hunter's Moon(사냥꾼의 달)
가을의 세 번째 달 : Moon before Yule(율 이전 달)

이렇게 이름을 붙이다가 이름이 없는 네 번째 달이 나타나면 이것이 '블루문'이 됩니다.

사밧을 계절의 조절과 신 경배의 큰 축제라고 한다면

에스밧은 역시 신을 경배하지만 좀 더 개인적인 작은 축제라고 볼 수 있습니다. 우주 질서에 관한 것 보다는 개인의 목적과 성장에 관한 것에 더 중점을 둡니다.

전통적으로 에스밧은 초승달과 보름달의 밤에 행합니다. 한 달 중 초승달에서 보름달까지는(음력 1-15일) 밝은 시기이고 보름달에서 초승달까지는 (음력 16-30일) 어두운 시기입니다. 달이 커지는 밝은 시기에는 달의 힘이 강해지므로 성취, 확대, 성장 등의 무언가를 얻는 마법을 행하고, 달이 작아지는 어두운 시기에는 달의 힘이 약해지므로 치유, 액운 제거, 보호, 삭제 등의 마법을 행합니다.

에스밧은 달의 힘에 대한 축제이기 때문에 에너지를 수렴하는 행위를 합니다. 사밧이 여러 명이 함께 하는 축제라면 에스밧은 대부분 혼자서 하는 축제입니다. 달빛 아래에서 춤을 추거나 명상을 하며 자신의 변화와 성장을 기념합니다.

초승달과 보름달에 행하므로 음력 1일과 15일에 달빛 아래서 혹은 달을 마음속에 떠올리면서 그 달빛을 받는다고 상상하면 됩니다. 달빛이 내 몸을 감싸고 그 에너지가 자신을 정화하고 충전하는 것을 상상하고 느껴봅니다. 에스밧 또한 성스러운 장소에서 마법원을 불러일으킨 후에 행하는 것이 좋습니다.

에스밧에 달빛으로 정화와 충전하는 방법

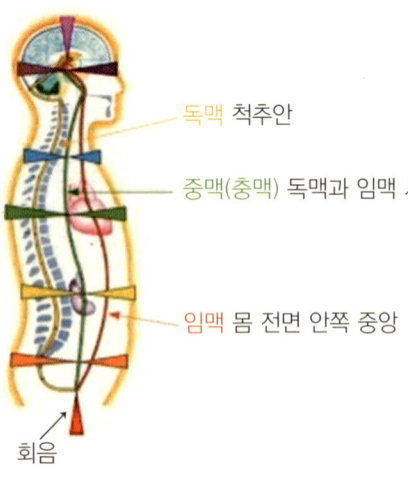

독맥 척추안

중맥(충맥) 독맥과 임맥 사이

임맥 몸 전면 안쪽 중앙

회음

첫 번째 단계

1. 달빛이 머리 위로 내려와 몸통 중간선인 중맥을 타고 회음에 닿은 후 꼬리뼈를 통해 척추로 올라가는 것을 상상합니다.
2. 다시 머릿속에 들어온 달빛이 임맥을 타고 아래로 내려옵니다.
3. 임맥과 독맥으로 계속해서 달빛이 흐릅니다.
4. 의식하지 않고 저절로 이 단계가 될 때까지 이 과정을 반복합니다.

두 번째 단계

1. 첫 번째 단계 과정 중 몸이 저절도 도는 현상이 생기면 몸을 지우고 달빛으로 채우며 의식도 놓고 무념무상으로 들어갑니다.
2. 살짝 촛점을 흐린채로 눈을 뜨고 눈과 대상(벽이나 책상, 사물 등)의 중간에 촛점을 둡니다.
3. 빛의 입자나 흰 안개같이 보이며 약간 몽롱한

    느낌이 들면 눈을 감습니다.
4. 눈꺼풀 뒷면을 바라보면서 거기에 나타나는 빛의 무리를 바라봅니다.
5. 그 빛이 구체가 되도록 하고서 그 구체가 우주의 능량을 모으는 것을 바라봅니다.

[주의 사항]
1. 첫 번째 단계가 저절로 될때까지 두 번째 단계로 넘어가지 않습니다.
2. 초기에는 달빛이 하단전(배꼽 밑)과 상단전(미간 부위)에 잠시 머무르게 하여 기운을 키웁니다.
3. 몸과 마음을 느슨하게 하고 혀를 입천장에 대고서 행합니다.

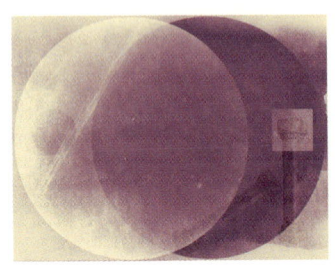

각 달마다 불리우는 13개의 보름달

1월 - 늑대달 Woof Moon

2월 - 폭풍달 Storm Moon

3월 - 순결한 달 Chaste Moon

4월 - 근원의 달 Seed Moon

5월 - 토끼달 Hare Moon

6월 - 한 쌍의 달 Dyad Moon

7월 - 꿀술의 달 Mead Moon

8월 - 녹색 식물의 달 Wyrt Moon

9월 - 보리달 Barley Moon

10월 - 피의 달 Blood Moon

11월 - 눈의 달 Snow Moon

12월 - 떡갈나무 달 Oak Moon

(가변적인) - 블루문 Blue Moon

*음력 달력

CHAPTER 8

상응하는 에너지

　모든 것의 에너지는 각각 다르기 때문에 마법의 목적에 따라 상응하는 에너지의 날짜와 시간, 도구들을 달리 선택해서 의식을 행해야 합니다. 요일이나 시간에 따라 다른 특별한 에너지가 깃들기 때문에 그 특별한 에너지들을 잘 활용하여 목적에 맞는 강한 에너지를 끌어오게 되면 성공할 확률이 많아집니다.

　마법을 행할 때 자연과 힘에 대한 존중 뿐 아니라 상응 체계에 대한 지식이 중요한 이유는 이 상응체계에 대한 지식이 없다면 어떻게 마법을 해야할지도 모를 뿐 아니라 마법을 통해서도 절대로 원하는 것을 얻을 수 없기 때문입니다.

요일

☽ 월요일 : 보호의 마법
♂ 화요일 : 극복과 유혹, 승부의 마법
☿ 수요일 : 예지, 업무, 공부, 지식의 마법
♃ 목요일 : 금전, 행운, 재산의 마법
♀ 금요일 : 연애, 결혼, 사랑의 마법
♄ 토요일 : 정지, 기반의 마법
☉ 일요일 : 성공, 돈, 건강의 마법

색깔

흰색	흰색은 모든 색을 포괄하므로 어느 색이 적절한지 모르겠다면 흰색을 사용하면 됩니다. 하지만 일반적으로 흰색은 평화, 보호, 정화, 균형, 부정적 영향력의 퇴거에 사용합니다.
검정색	검정색은 무언가를 내 삶에서 몰아내거나 제거하거나 할 때에 사용합니다.
회색	서로 상반된 것의 중화를 의미합니다. 또한 부정적인 에너지의 흡수를 위해 사용하기도 합니다.
녹색	행운, 풍요, 성장, 성공, 부유함 등을 의미합니다.
금색	풍요, 행운, 금전적 이득을 상징하며 건강, 건장함, 치유, 행복 등을 의미합니다.
은색	명상에 좋은 색이며 부정적인 에너지의 제거, 혼돈 상태의 해결 등을 의미합니다. 또한 영적 능력을 상징하기도 합니다.
분홍색	사랑, 로맨스의 색입니다. 영적 힐링, 증오의 중화, 삶에 평화 등을 위해 사용하기도 합니다.
주황색	성장, 체력, 정신적 유연성, 창조력 등을 의미합니다. 또한 상황의 통제 등을 의미하기도 합니다.

보라색	치유, 강화, 평화, 지식, 자기 계발 등을 의미합니다. 또한 명상, 점술, 영능력 향상, 영적 인식 등을 위해 사용하게 됩니다.
갈색	대지의 원소를 상징합니다. 그러므로 물질적인 것들을 끌어오고 건강을 회복, 유지하는 것에 사용합니다.
노란색	공기의 원소를 상징합니다. 정신과 관련된 모든 것들을 위해 사용 가능하며 자신감 상승, 설득력, 지성, 지식 등의 능력을 의미합니다.
파란색	물의 원소를 상징하며 평화, 안정, 조화를 의미합니다. 또한 신실한 믿음, 사랑 등을 의미하기도 합니다.
빨간색	불의 원소를 상징하며 밝은 빨강의 경우 러브 스펠에 사용하는 경우가 있으며 성적 능력을 의미합니다. 일반적인 빨간색의 경우 보호, 힘, 용기 등에 사용합니다.

방향

동쪽 : 영감, 아이디어, 마음, 생각, 영적인 능력

남쪽 : 불, 열정, 행동, 변화

서쪽 : 관계와 감정, 치유, 결혼
북쪽 : 부, 성공, 재산, 취직, 돈
중앙 : 당신의 질문에 영향을 주는 힘

허브

목적과 상응하는 허브

용기	향나무(Ceder) 계피(Cinnamon) 바질(Basil) 쪽파(Chive) 서양 고추냉이(Horseradish)
통찰력	오렌지(Orange) 마조람(Majoram) 레몬그라스(Lemongrass)
평화	마조람(Majoram) 민트(Mint) 세이지(Sage) 레몬 밤(Lemon Balm)
여행	캐러웨이(Caraway) 딜(Dill) 펜넬(Fennel) 마조람(Majoram) 겨자(Mustard) 파슬리(Parsley)
사랑	사과 꽃(Apple Blossom) 데이지(Daisy) 라벤더(Lavender) 일일초(Periwinkle) 서양톱풀(Yarrow) 바닐라(Vanilla)
행복	계피(Cinnamon) 피버휴(Feverfew) 민트(Mint)

보호	안젤리카(Angelica) 바질(Basil) 계피(Cinnamon) 정향(Clove) 딜(Dill) 마늘(Garlic) 페퍼민트(Peppermint) 후추(Pepper) 마조람(Majoram) 월계수(Bay) 민트(Mint)
행운	올스파이스(Allspice) 개암나무(Hazel) 넛맥(Nutmag) 헤더(Heather) 해바라기(Sunflower) 클로버(Clover) 석류(Pomegranate)
성공	월계수(Bay) 캐모마일(Chamomile) 로즈마리(Rosemary) 사프란(Saffron)

건강	치유: 사과 꽃(Apple Blossom)
	      컴프리(Comfrey) 피버휴(Feverfew)
	      유칼립투스(Eucalyptus)
	      캐모마일(Chamomile)
	      샌들우드(Sandalwood)
	      페퍼민트(Peppermint)
	
	불안: 서양쥐오줌풀(Valerian)
	      라벤더(Lavender)
	
	우울: 민들레(Dandelion)
	      라벤더(Lavender)
	      인동나무(Honeysuckle)
	
	수면: 쑥(Mugwort) 라벤더(Lavender)
	      로즈마리(Rosemary) 타임(Thyme)

재물	바질(Basil) 딜(Dill) 계피(Cinnamon) 생강(Genger) 스피어민트(Spearmint) 올스파이스(Allspice) 캐모마일(Chamomile)
지혜	월계수(Bay) 쑥(Mugwort) 커민(Cumin) 딜(Dill) 파슬리(Parsley) 세이지(Sage) 타임(Thyme) 마조람(Majoram) 보리지(Borage) 자스민(Jasmin)

행성과 상응하는 허브들

태양	물푸레나무(Ash Tree) 월계수(Bay) 계피(Cinnamon) 페루향수초(Heliotrope) 오렌지 껍질(Orange Peel) 망종화(St. John's Wort) 향나무(Juniper) 풍년화(Witch Hazel)
달	알로에(Aloe) 유칼립투스(Eucalyptus) 레몬 껍질(Lemon Rind) 아욱(Mallow) 몰약(Myrrh) 샌들우드(Sandalwood) 노루발(Wintergreen)

화성	올스파이스(Allspice) 칠리(Chili Pepper) 고수(Coriander) 용혈(Dragon Blood) 마늘(Garlic) 호랑가시나무(Holly) 서양 쐐기풀(Nettle) 후추(Pepper) 엉겅퀴(Thistle)
수성	아몬드 샐러리 씨(Celery Seed) 딜(Dill) 펜넬(Fennel) 라벤더(Lavender) 파슬리(Parsley)
목성	아니스(Anise) 보리지(Borage) 정향(Clove) 히솝(Hyssop) 단풍(Maple) 넛맥(Nutmag) 오크 나무(Oak) 세이지(Sage)
금성	개박하(Catnip) 딱총나무(Elder) 붓꽃(Iris) 디기탈리스(Foxglove) 텐지(Tansy) 독일 붓꽃(Orris Root) 제비꽃(Violet) 페리윙클(Periwinkle) 타임(Thyme) 서양쥐오줌풀(Valerian) 마편초(Vervain)
토성	컴프리(Comfrey) 느릅나무(Elm) 아이비(Ivy) 미모사(Mimosa) 나팔꽃(Morning Glory) 뮤레인(Mullein) 팬지꽃(Pansy) 파츌리(Patchouli) 포플러나무(Poplar) 마르멜로(Quince) 주목나무(Yew)

탄생일과 상응하는 허브들

- 물병자리 Aquarius

카네이션(Carnation) 알부투스(Arbutus) 들장미(Wild Rose) 인삼(Ginseng) 올스파이스(Allspice) 정향(Clove) 치커리(Chicory) 계피(Cinnamon) 넛맥(Nutmag) 유니콘 루트(Unicorn Root) 석류씨(Pomegranate Seed) 팔각(Star Anise) 개불알난(Lady Slipper)

- 물고기자리 Pisces

제비꽃(Violet) 헤더(Heather) 등나무(Wisteria) 시계초(Passion flower) 수선화(Narcissus) 연꽃(Lotus) 양귀비 씨(Poppy seed) 민트(Mint) 타임(Thyme)

- 양자리 Aries

호랑가시나무(Holly) 알로에(Aloe) 선인장(Cactus) 말채나무(Dogwood) 노랑수선화(Jonquil)

히아신스(Hyacinth) 인동나무(Honeysuckle)
금어초(Snapdragon) 붉은 고춧가루(Cayenne)
쿠민(Cumin) 파프리카(Paprika) 마조람(Majoram)
말린 겨자가루(Dry Mustard) 마늘(Garlic)
바질(Basil) 양파(Onion)

- 황소자리 Taurus

매발톱꽃(Columbine) 데이지(Daisy) 아이비(Ivy)
제비고깔(Larkspur) 백합(Lily) 수선화(Daffodil)
난초(Orchid) 클로버(Clover) 라일락(Lilac)
페퍼민트(Peppermint) 히드라스티스(Golden Seal)
베르가못(Bergamot) 레몬그라스(Lemongrass)
개박하(Catnip) 세이지(Sage) 타임(Thyme)
자작나무(Birch)

- 쌍둥이자리 Gemini

인동나무(Honeysuckle) 라벤더(Lavender)
은방울꽃(Lily of the Valley) 서양톱풀(Yarrow)
향나무(Ceder) 마편초(Vervain) 파슬리(Parsley)

서양쥐오줌풀(Valerian) 딜(Dill) 펜넬(Fennel)
텐지(Tansy) 헤더(Heather) 양치식물(Ferns)
꽃상추(Endive) 진달래(Azalea)

- 게자리 Cancer

붓꽃(Iris) 자스민(Jasmin) 수련(Water Lily) 백장미(White Rose) 아니스(Anise) 참깨(Sesame) 고수(Coriander) 생강(Genger) 히솝(Hyssop)

- 사자자리 Leo

붉은 장미(Red Rose) 메리골드(Marigold)
제비고깔(Larkspur) 캐모마일(Chamomile)
양귀비(Poppy) 작약(Peony) 다알리아(Dahlia)
해바라기(Sunflower) 계피(Cinnamon) 딜(Dill)
로즈마리(Rosemary) 펜넬(Fennel) 사프(Saffron)
물푸레나무(Ash)

- 처녀자리 Virgo

과꽃(Aster) 헤더(Heather) 라벤더(Lavender)

도금양(Myrtle) 핑크 제라늄(Pink Geranium)
양치식물(Fern) 용담(Gentian) 캐러웨이(Caraway)
샐러리 씨앗(Celery Seed) 사사프라스(Sassafras)
세이버리(Savory) 서양쥐오줌풀(Valerian) 딜(Dill)
펜넬(Fennel) 진달래(Azalea) 뽕나무(Mulberry)

- 천칭자리 Libra

코스모스(Cosmos) 사과 꽃(Apple Blossom)
데이지(Daisy) 치자나무(Gardenia) 제비꽃(Violet)
분홍 장미(Pink Rose) 히비스커스(Hibiscus)
세이지(Sage) 히드라스티스(Golden Seal)
페니 로얄(Pennyroyal) 페퍼민트(Peppermint)
산딸기(Wild Strawberry) 도금양(Myrtle)
타임(Thyme)

- 전갈자리 Scorpio

국화(Chrysanthemum) 말채나무(Dogwood)
유칼립투스(Eucalyptus) 디기탈리스(Foxglove)
라즈베리(Rasberry) 유니콘 루트(Unicorn Root)

일일초(Periwinkle) 홉(Hops) 난초(Orchid) 호밀(Rye)

- 궁수자리 Sagittarius

히솝(Hyssop) 가재발 선인장(Christmas Cactus) 수선화(Narcissus) 목련(Magnolia) 단풍(Maple) 카다멈(Cardamom) 샌들우드(Sandalwood) 들장미 열매(Rose Hips) 붉은 토끼풀(Red Clover) 세이지(Sage) 패랭이꽃(Pinks) 밤나무(Chestnut) 민들레(Dandelion) 짚신나물(Agrimony)

- 염소자리 Capricorn

호랑가시나무(Holly) 팬지꽃(Pansy) 대마(Hemp) 카네이션(Carnation) 양귀비 씨앗(Poppy seed) 겨우살이(Mistletoe) 노루발(Wintergreen) 아코닛(Aconitum) 캐럽(Carob) 컴프리(Comfrey) 황금(Skullcap) 참나무(Oak) 엉겅퀴(Thistle) 이끼(Moss) 소나무(Pine)

젬스톤

 목적과 상응하는 젬스톤

재물	황금(Gold) 혈류석(Bloodstone) 옥(Jade) 사파이어(Sapphire) 호안석(Tiger's Eye) 진주(Pearl) 루비(Ruby)
성공	아마조나이트(Amazonite) 대리석(Marble) 녹옥수(Chrysoprase)
사랑	장미수정(Rose Quartz) 아게이트(Agate) 자수정(Amethyst) 문스톤(Moonstone) 토파즈(Topaz) 터키석(Turquoise) 호박(Amber)
평온	에메랄드(Emerald) 말라카이트(Malachite) 흑요석(Obsidian) 로도나이트(Rhodonite) 블루 투르말린(Blue Tourmaline) 자수정(Amethyst)
치유	붉은 오팔(Fire Opal) 소달라이트(Sodalite) 묘안석(Cat's Eye) 다이아몬드(Diamond) 가넷(Garnet) 호박(Ambe) 토파즈(Topaz) 옥(Jade)
정화	아쿠아마린(Aquamarine) 소금(Salt) 칼사이트(Calcite)

마법	수정(Crystal Quartz) 루비(Ruby) 말라카이트(Malachite) 오팔(Opal) 혈류석(Bloodstone)
행운	오팔(Opal) 침수정(Rutilated Quartz) 아벤츄린(Aventurine) 호안석(Tiger's eye) 래피도라이트(Lepidolite) 진주(Pearl)
보호	화석(Fossil) 가넷(Garnet) 오닉스(Onyx) 검은 투르말린(Black Tourmaline) 수정(Crystal Quartz) 호박(Amber) 아게이트(Agate)

탄생일과 상응하는 젬스톤

· 물병자리 Aquarius

가넷(Garnet) 지르콘(Zircon) 흑요석(Obsidian)

· 물고기자리 Pisces

자수정(Amethyst) 아쿠아마린(Aquamarine)

산호(Coral) 장미수정(Rose Quartz)

· 양자리 Aries

다이아몬드(Diamond) 혈류석(Bloodstone)

- 황소자리 Taurus

에메랄드(Emerald) 스타 사파이어(Star Sapphire) 터키석 (Turquoise)

- 쌍둥이자리 Gemini

아쿠아마린(Aquamarine) 아게이트(Agate) 석영(Quartz)

- 게자리 Cancer

진주(Pearl) 문스톤(Moonstone)

- 사자자리 Leo

루비(Ruby) 호박(Amber) 호안석(Tiger Eye)

- 처녀자리 Virgo

사파이어(Sapphire) 옥(Jade) 첨정석(Peridot) 분홍빛 벽옥(Pink Jasper)

- 천칭자리 Libra

오팔(Opal) 산호(Coral) 청금석(Lapis Lazuli)

- 전갈자리 Scorpio

자철석(Lodestone) 혈류석(Bloodstone) 토파즈(Topaz)

- 궁수자리 Sagittarius

터키석(Turquoise) 토파즈(Topaz)

- 염소자리 Capricorn

오닉스(Onyx) 흑옥(Jet) 연수정(Smoky Quartz) 말라카이트(Malachite)

CHAPTER 9

재료에 따른 마법 종류

촛불 매직 Candle Magick

촛불 마법에서 가장 중요한 초는 어떤 모양이든 상관없습니다. 원하는 목적이나 날짜에 맞는 초의 색깔이 가장 중요합니다(CHAPTER 8 참조). 단, 식물성 혹은 파라핀 초를 사용하되 절대로 동물성 초는 사용해서는 안된다는 것을 기억하시기 바랍니다.

　초는 촛불 마법에 사용하기 전에 오일을 바르는 작업이 필요합니다. 오일은 에센셜 오일(Essential Oil)을 사용하되 혹여 색깔이 있는 오일은 오일과 같은 색의 초를 사용해야 합니다. 그렇지 않으면 초의 색깔이 변할 수 있기 때문입니다. 만약 에센셜 오일이 비싸서 부담스럽다면 올리브 오일을 대신해서 사용해도 괜찮습니다.

　오일을 바를 땐 초의 중심에서 끝부분 방향으로 일관되게 바릅니다. 초의 중심에서 심지 쪽으로 바른 후 중심에서 밑 부분으로 바릅니다. 심지 쪽을 먼저 바르든 밑 부분을 먼저 바르든 상관은 없습니다. 중요한 건 바르는 방향입니다.

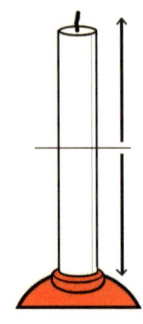

오일을 초에 바르면서 이 마법으로 얻고자 하는 목적을 떠올리면서 집중합니다.

리추얼 초의 종류

리추얼 사용에 따른 초의 타입은 네 가지가 있습니다 - 알타 캔들, 봉헌 캔들, 아스트랄 캔들, 요일 캔들.

알타 캔들
리추얼 제단, 알타 위에는 항상 하얀색 2개의 기다란 초(테이퍼 캔들 Taper Candle)를 사용합니다. 알타의 두 모서리에 놓이며 항상 다른 초들을 켜기 전에 먼저 켭니다.

봉헌 캔들
목적에 따른 색을 선택하여 초의 색을 결정합니다. 소원을 들어 주십사 봉헌하는 초입니다.

아스트랄 캔들

 이 초는 마법을 행하는 사람을 대표하는 초이며 자신의 생일에 따른 색을 선택하게 됩니다. 되도록 1차 색깔을 사용하도록 하며 1차와 2차의 두 가지 색이 혼합된 초를 사용할 수도 있습니다.

 아스트랄 캔들 색
- 물병자리 Aquarius

1월 20일 ~2월 18일 : 파란색 / 녹색

- 물고기자리 Pisces

2월 19일~3월 20일 : 흰색 / 녹색

- 양자리 Aries

3월 21일~4월 19일 : 흰색 / 분홍색

- 황소자리 Taurus

4월 20일~5월 20일 : 빨간색 / 노란색

- 쌍둥이자리 Gemini

5월 21일~6월 21일 : 녹색 / 갈색

- 게자리 Cancer

6월 22일~7월 22일 : 녹색 / 갈색

- 사자자리 Leo

7월 23일~8월 22일 : 빨강 / 녹색

- 처녀자리 Virgo

8월 23일~9월 22일 : 금색 /검정색

- 천칭자리 Libra

9월 23일~10월 22일 : 검정 / 파란색

- 전갈자리 Scorpio

10월 23일~11월 21일 : 갈색 / 검정색

- 궁수자리 Sagittarius

11월 22일~12월 21일 : 금색 / 빨간색

- 염소자리 Capricorn

12월 22일~1월 19일 : 빨간색 / 갈색

*색깔 - 1차 색 / 2차 색

요일 캔들

요일 캔들은 모든 리추얼에 사용할 수 있으며 마법을 행하는 요일에 따라 색깔을 선택하면 됩니다. 알타의 오른쪽 앞쪽에 위치합니다. 매일 매일 이 초의 색깔은 달라지겠지요.

요일 캔들 색

☽ 월요일 : 흰색

♂ 화요일 : 빨간색

☿ 수요일 : 보라색

♃ 목요일 : 파란색

♀ 금요일 : 녹색

♄ 토요일 : 검정색

⊙ 일요일 : 노란색

 초를 켤 때에는 성냥이나 라이터를 이용해 테이퍼 캔들인 알타 캔들을 먼저 켜고 알타 캔들에서 가까운 순서대로 하나씩 초를 켜면 됩니다.

 초를 끌 때에는 초를 켠 순서의 반대로 끄되 절대로 손가락을 사용해서 끄지 않도록 합니다. 입으로 불어서 꺼서도 안 되며 반드시 초를 끄는 도구(스너퍼 Snuffer)를 사용해서 끄는 것이 좋습니다. 이 도구를 구할 수 없다면 차선책으로 엄지와 검지로 심지부분을 재빨리 잡았다 놓아서 끄는 방법도 있습니다.

허브 매직 Herb Magic

 허브 매직은 매우 자연친화적인 마법입니다. 허브 매직을 하려면 먼저 식물들이 가지고 있는 기본적인 에너지를 이해해야 합니다. 그 힘은 식물들이 자라면서 가지는 습성, 향기, 색깔, 질감, 모양 등에 의해 결정 지어집니다.

 모든 살아있는 것들이 각기 다른 본질과 힘과 에너지를 가지고 있듯이 허브들도 서로 다른 특별한 에너지 파장을 가지고 있으므로 목적에 맞는 에너지의 허브를 선택해서 마법에 사용하면 유용하겠지요.

 허브의 사용법은 많지만 단순하게 팔찌나 에뮬렛을 만들어 찬다던지 문이나 창문에 걸어 놓는다던지 혹은 악몽이나 질병 등을 막기 위해 침대에 부적같이 숨겨놓기만 하여도 마법의 힘이 발휘가 됩니다.

 허브 매직은 우리에게 자연에서 서로 화합하는

기회를 줍니다. 정원이나 화분에 식물을 기름으로서 오랜 시간에 걸쳐 내려온 지혜의 식물 영들에 의해 우리는 이 자연과의 화합에 참여하게 되는 것입니다.

모든 식물들이 신성하고 마법적이며 인간에게 중요한 존재들로 여겨지던 시대가 있었습니다. 그 의미가 많이 퇴색되었지만 오늘날에도 허브는 여전히 우리에게 아름다움, 즐거움 그리고 유용함을 선사하고 있습니다.

나만의 마법정원 만들기

정원은 그 자체로 신성한 장소를 상징합니다. 일상의 소음, 공해, 스트레스로부터 벗어날 수 있는 공간이며 신체적 그리고 영적으로 다시 생기를 되찾을 수 있게 해 줍니다. 어떻게 이런 효과가 가능한 걸까요? 이러한 영향력은 정원 안에서 흙, 물, 불, 공기의 4대원소가 연합하여 전체의 조화를 이루어 좋은 에너지를 발산해 주기 때문입니다. 병이든 사람이 정원을 가꾸면서 저절로 마음의 안정을 되찾고 건강을 회복하는 일을 흔히 볼 수 있는 것도 이 때문입니다.

나만의 마법정원을 만들기 전에 이 정원을 무슨 용도로 사용할 것인지 먼저 생각해야 합니다. 예를 들어 피로한 마음과 정신을 힐링하는 목적으로 사용할 것인지, 명상이나 신들과 소통하는 장소로 사용할 것인지, 이 곳에서 리추얼을 하는 성스러운 공간으로 사용할 것인지 등에 대한 구체적인 계획을 먼저 결정합니다.

용도를 결정했으면 구상한 마법정원을 만들어야 하는데 만드는 시간과 날짜 그리고 달의 주기 등을 고려하여 만드는 것이 좋습니다.

가장 중요한 것은 마법정원이 4대원소의 영향을 많이 받기 때문에 이 4대원소를 물리적으로나 상징적으로 균형에 맞춰 잘 조합하는 일입니다. 마녀의 생활에서 이 마법정원으로부터 얻고자 하는 목적에 맞게 점성학적 에너지에 상응하는 허브들을 잘 활용해서 조합하여 배치하면 되겠습니다.

4대원소의 에너지를 마법정원에 끌어들이는 방법

흙 Earth 에너지 끌어들이기

흙 역시 자연적으로 흙의 원소 에너지를 가져다줍니다. 돌이나 흙을 빚어 만든 화분들, 세라믹이나 마블을 이용해 만든 조각상들을 정원에

배치하는 것도 이 흙 에너지를 증강시키는 방법입니다.

불 Fire 에너지 끌어들이기

햇빛은 자연적으로 불의 원소 에너지를 제공합니다. 이 고마운 햇빛의 힘을 증강시키고 더 고급스런 업그레이드를 원한다면 햇빛이 반사되는 적절한 장소에 크리스탈이나 거울을 배치합니다. 햇빛이 없는 밤에는 작은 캔들을 켠다든지 랜턴이나 전구를 밝혀서 불의 에너지가 밤에도 마법정원에 영향력을 줄 수 있도록 합니다.

물 Water 에너지 끌어들이기

정원 안에 개울이나 연못이 있으면 좋고 없다면 작은 분수를 만들어 물 원소의 에너지를 증강시킬 수 있습니다. 이 마저도 여의치 않다면 꽃병이나 그릇 혹은 움푹 들어간 돌에 물을 담아 대신할 수 있습니다.

공기 Air 에너지 끌어들이기

정원에 바람이 불어 공기를 순환시키면 자연적으로

공기 원소의 에너지를 받게 됩니다. 이 에너지를 증강시키기 위해서는 풍경이나 종, 모빌 등을 걸어서 바람이 불 때마다 노래하고 춤추게 합니다.

허브는 살아있는 식물이기 때문에 정원에 심고 나면 마녀의 삶에 직간접적으로 매우 큰 영향을 주게 됩니다. 그러므로 마녀의 목적에 상응하는 정원에 심을 허브들은 심사숙고하여 골라야 합니다. 어떤 목적이든 독이 있는 허브는 피하는 것이 좋습니다.

용도가 무엇이든 간에 태양과 달에 관련된 허브들과 자신의 탄생일에 맞는 허브들을 같이 심음으로서 태양과 달과 나의 에너지가 그 용도에 포함되어 어우러지게 합니다. 그러면 자신감 또한 상승 될 것입니다.

이 마법정원을 가꾸는 일은 시간이 지나면서 마녀의 라이프 스타일 안의 변화, 성장, 경험들이 이 정원에 반영되어 정원과 마녀 모두의 발전에 도움을 주게

됩니다. 이 마법정원을 방문하는 모든 생물체들 - 곤충, 새, 동물 등 - 과 원소 에너지 그리고 정령들을 존중하며 정성스럽게 대해야 합니다. 정원을 포함한 그 안의 모든 것을 가꾸는 것은 자신과 다른 세계와의 그 무엇을 함께 가꾸는 것이며 그것은 자신에게 다시 좋은 결과로 되돌아옵니다.

허브를 이용한 에센셜 오일 레시피

아스트랄 여행 오일

Sandalwood 5방울
Ylang Ylang 1방울
Cinnamon 1 방울
*아스트랄 여행 전 차크라에 발라 줍니다

힐링 오일

Rosemary 4방울
Juniper 2방울

Sandalwood 1방울
*치유를 원하는 곳에 발라 빠른 치유를 기대합니다

보호 오일
Basil 4방울
Geranium 3방울
Pine 2방울
Vetivert 1방울
*창문, 방문, 현관 등에 발라 악한 기운이 침범하지 못하게 합니다

에너지 오일
Orange 4방울
Lime 2방울
Cardamom 1방울
*피곤하거나 기운이 떨어질 때 사용합니다

정화 오일
Frankincense 4방울

Myrrh 3방울

Sandalwood 1방울

*부정적인 기운을 제거하기 위해 목욕물에 섞어서 사용합니다

젬스톤 매직 Gemstone Magick

보통 젬스톤과 크리스탈을 구분하지만 여기서의 젬스톤은 크리스탈 종류를 모두 포함한 전체를 가리킵니다.

자신에게 맞는 젬스톤 고르는 법

자신에게 맞는 젬스톤을 찾는 것은 젬스톤의 힘에 자신을 잘 조율할 수 있는 중요한 열쇠입니다. 그러면 어떻게 나에게 맞는 젬스톤을 찾을 수 있을까요?

젬스톤을 고를 때 가게에 가서 눈에 예쁜 것을 사게 되나요? 아니면 젬스톤 관련 책에서 사진을 보고 눈이 띄는 젬스톤이 갖고 싶어지나요? 핵심은 자신만의 젬스톤을 찾을 때 자신이 가지고 있는 마법의 힘을 믿고 그 힘을 사용하는 것입니다. 젬스톤의 힘은 바깥으로 보여지는 아름다움에서 나오는 것도 아니고 목적과 얼마나 상응하느냐도 아닌 나와 파장이 잘 맞아서 얼마나 더 큰 힘을 발산하는가 입니다.

가게에 들어가서 젬스톤들이 담겨진 바구니 속에 손을 넣고 천천히 휘젓다보면 손에 착 감기는 감각이 드는 돌이 있을 것입니다. 혹은 손에 쥐었을 때 뭔가 즐거운 이끌림의 느낌이 있는 것이 있을 수도 있습니다. 이것이 바로 자신에게 맞는 젬스톤입니다.

예쁘게 잘 깎인 것 보다는 자연 그대로인 젬스톤이 더 강력함 힘을 가지고 있을 수 있습니다.

자신에게 맞는 젬스톤을 찾았으면 사용하기 전에

반드시 정화와 충전을 해야 한다는 것들 잊지 말아야 합니다.

젬스톤 보관하기

젬스톤은 다루는 사람과 주위의 에너지에 민감하기 때문에 젬스톤의 힘을 잘 유지하려면 아무데나 던져놓거나 주머니에 넣거나 하면 안 됩니다. 사용하지 않을 때는 정화 후 항상 주변이 깨끗하고 햇빛이 잘 드는 조용한 장소에 두어야 합니다.

젬스톤도 사람과 마찬가지로 지치기 때문에 정화 후 정기적으로 충전하는 것도 잊지 말아야 합니다. 햇빛이나 달빛을 받게 함으로서 충전할 수 있습니다. 정화와 충전은 자주 할수록 좋습니다.

정화와 충전을 마친 나만의 젬스톤은 절대 남의 손이 닿아선 안 되며 남의 눈에 띄는 것조차 피하는 것이 좋습니다. 혹시 모를 부정적인 에너지로부터

보호하기 위함이며 마법에 쓰인 젬스톤은 그 목적성이 상실 될 수도 있기 때문입니다.

젬스톤 사용법

정화와 충전 후 리추얼에 사용하지 않을 때는 젬스톤을 피부에 닿게 목걸이나 팔찌 등으로 만들어 걸고 다니거나 장기간 머무르는 장소에 두어 젬스톤 힘의 파장이 자신과 주변에 적절히 퍼질 수 있게 합니다. 혹은 젬스톤 종류의 목적에 따라 나쁜 기운으로부터의 보호를 위해 집 모서리들에 배치한다던지 힐링에 사용한다던지 또는 명상에 사용할 수도 있습니다.

치유의 목적으로 사용 할 경우 차크라나 병이 있는 부위에 젬스톤을 올려놓고 15분 이상 두면 에너지 균형을 맞출 수 있습니다. 치유의 목적이 아니더라도 신체와 영혼의 건강을 위해 가끔씩 7부위의 차크라에 젬스톤을 올려놓으면 평상시의 에너지 균형을 유지할 수 있습니다.

7 차크라 Chakra의 위치

제1차크라 Base/Root Chakra : 항문과 생식기 사이
제2차크라 Sacral Chakra : 꼬리뼈(천골)
제3차크라 Solar Plexus Chakra : 배꼽
제4차크라 Heart Chakra : 심장
제5차크라 Throat Chakra : 목
제6차크라 Third Eye Chakra : 미간
제7차크라 Crown Chakra : 정수리

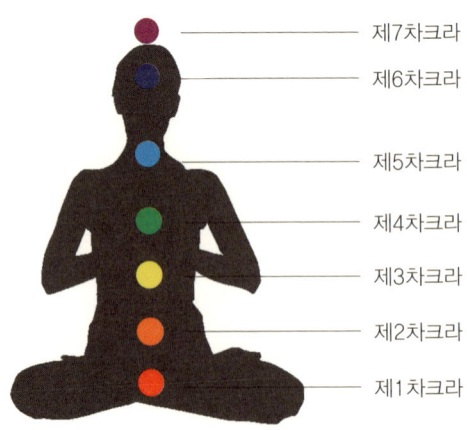

CHAPTER 10

마법 리추얼

　마녀의 생활 속에 마법 리추얼은 매우 중요한 부분입니다. 리추얼은 대부분 사밧과 에스밧에 행하지만 목적에 따라 상응하는 날과 시간에 언제든 행할 수 있습니다.

　마법을 한다는 것은 우주 에너지를 바꾸는 일입니다. 마법을 행함에 있어서의 변화는 좋고 나쁜 것이 아니라 긍정적인 것 과 부정적인 것으로 나눌 수 있습니다.

우주 에너지는 중립이기 때문에 흰색이거나(선한 힘) 검은색(악한 힘)이 아닙니다.

모든 마법에는 카르마(Karma:업)가 작용하기 때문에 마법을 행하는 자는 자기 자신에 대한 책임을 져야하는 것을 똑바로 인지해야 합니다. 마법에 진전이 있는 만큼 카르마는 더 빠르게 작용합니다. 거미줄 한 부분을 건드리면 전체가 다 흔들리는 원리입니다. 그러므로 남을 해하거나 저주하거나 하는 부정적인 마법을 행하는 것은 자신을 파괴하는 일이라는 것을 명심해야 합니다.

다시 한 번 삼배 반의 법칙(Three Fold Law)을 되새겨 보도록 합니다.

"의지대로 행하되, 남을 해하면 안 된다!
그렇지 않으면 세 배로 되돌아온다!"

마법은 선한 에너지를 사용하여 자신의 삶을

긍정적으로 변화시키는 방법입니다.

기본적인 리추얼 순서

 리추얼의 목적이 무엇이든 큰 리추얼이든 작은 리추얼이든 모든 리추얼은 기본적인 리추얼의 틀을 갖추는게 좋습니다. 또한 항상 리추얼을 통해 무엇을 얻고자 하는지 그래서 무엇을 왜 하는지 확실하게 알고 계획 한 후 시작해야 합니다.

준비 과정
1. 훈련법을 통해 영적인 연결을 포함한 몸과 마음을 조율합니다.
2. 정화된 마법도구들을 준비합니다.
3. 리추얼을 행할 성스러운 공간을 정화하고 준비합니다.

리추얼 순서

1. 에너지를 끌어들여 마법원을 일으킵니다.
2. 리추얼 목적에 파장을 맞춥니다.
3. 원하는 존재를 소환하여 영적으로 연결을 하고 원하는 바를 소리 내어 부탁합니다.
4. 리추얼이 모두 끝난 후 남은 힘의 잔재를 대지로 되돌려 보냅니다.
5. 소원을 들어준 존재들에 감사하며 마무리를 합니다.
6. 마법원을 닫습니다.
7. 시간을 두고 리추얼의 결과를 관찰합니다.

마녀의 라이프 스타일을 선택한 후 마법 리추얼을 할지 안할지 고민하고 있다면 명심하기 바랍니다.

> "아무것도 하지 않으면
> 아무것도 이루어지지 않는다."

CHAPTER 11

스펠 SPELL

사랑에 관한 스펠

진정한 사랑을 부르는 스펠

 진정한 사랑을 다가오게 하기 위해 달이 커지는 시기에 스펠을 합니다. 비너스의 날인 금요일 해가 진 후에 행합니다.

준비물
15-20cm의 빨간 초 1개
증류수를 담은 와인 잔 1개
장미 6개의 장미 꽃잎을 담은 그릇
바늘
120cm정도의 빨간 면 실

1. 빨간 초를 켜고 스펠을 외웁니다.

    "밝은 비너스 여신이여,
    이 마법원에 축성을 내려 주소서
    저의 마법에 영광과 힘을 주소서"

2. 왼손에 와인 잔을 들고 물 위로 오른손바닥을 아래로 향하며 스펠을 외웁니다.

    "정화와 여신에 의해 축성 받은 이 물

저로 인해 축성 받게 하시고
진정한 사랑이 오도록 충전해 주소서"

장미 꽃잎들 위로 물을 뿌리고 다시 스펠을 외웁니다.

"제가 원하는 순수한 사랑을 갖게 해 주소서"

3. 장미 꽃잎 3개는 따로 빼고 나머지 장미 꽃들을 그릇에 담아 문 앞에 둡니다.
4. 장미 꽃잎들이 문에서 침대로 향하게 뿌려 놓습니다.
5. 바늘에 실을 이중으로 꿰어 따로 빼놓은 세 개의 장미 꽃잎을 꿰어 목걸이로 만듭니다.
6. 한 달 동안 잘 땐 목에 걸고 자고 낮엔 베개 밑에 둡니다.
7. 그리고 나서 그 목걸이를 계곡물이나 흐르는 샘물에 던지고 당신의 진정한 사랑이 나타나기를 기다려봅니다.

거역할 수 없는 아프로디테의 사랑 오일

달이 커지는 시기의 금요일 밤에 행합니다.

준비물
뚜껑이 있는 어두운 오일 유리병
아몬드 오일 2스푼
파츌리 Patchouli 에센셜 오일 2방울
삼나무 Cedarwood 에센셜 오일 2방울
장미 Rose 에센셜 오일 1방울
사과 주스 1방울
정향 Clove 1개
구리 목걸이 체인
칠망성 그림

1. 아몬드 오일을 2스푼 어두운 오일 유리병에 붓습니다.
2. Patchouli 2방울, Cedarwood 2방울, Rose 1방울을 떨어뜨립니다. 사과 주스 1방울과 Clove

　　　를 추가합니다.
3. 뚜껑을 닫고 가볍게 흔듭니다.
4. 두 손으로 오일 병을 들고 스펠을 외웁니다.

"마법을 건 이 오일 병에 사랑의 힘을 부여하소서
신성한 오일들과 과일과 씨에 의해
필요한 것을 얻게 되리니
사랑의 여신 아프로디테여
당신의 능력으로 저의 소망을 들으소서
이 오일로 당신의 매력을 저에게 부여하소서
그래서 사랑이 나의 두 팔 안에 안기게 하고
사랑의 불꽃을 진실 되고 힘 있게 태우소서
그리고 이 스펠과 같이 영원하게 하소서"

5. 구리 체인으로 병을 감싸고 사랑의 여신의 상징인 칠망성 그림 위에 놓아둡니다.
6. 달이 커지기 전까지의 7일 동안 달빛을 잘 쪼일 수 있는 곳에 둡니다. 햇빛에 노출되면 안 됩니다.
7. 필요할 때 마다 목에 겁니다.

남자(여자)친구와 싸우고 난 후의 스펠

달이 작아지는 시기에 로맨스와 사랑의 에너지가 충만한 금요일에 행합니다.

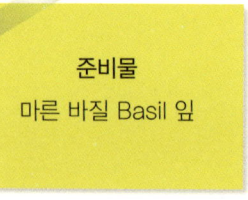

준비물
마른 바질 Basil 잎

1. 침실의 네 귀퉁이에 시계방향으로 마른 Basil 잎들을 뿌립니다.
2. 방을 돌면서 스펠을 외웁니다.

*"침실 주위에 이 향기로운 잎들을 뿌리오니
지금, 분노와 부정적인 것들을 제거해 주소서
공기를 정화하고 이 사랑싸움이 잔잔해지게 하소서
행복이 충만하고 우리의 사랑이
더 견고해지게 해 주소서"*

3. 남자(여자)친구와 화해해서 행복한 시간을 보내고 있는 자신을 상상합니다.

지금 전화 주세요 스펠

좋아하는 사람과 소통할 수 있는 길을 열어주는 스펠입니다. 앉아서 그 사람의 전화나 이메일을 올 때까지 기다리고만 있는 것은 아무 도움이 되지 않겠지요?

준비물
노란 종이 1장
빨간색 펜 1개
상대방의 개인적인 물건 :
머리카락이나 손톱 혹은 소지품
노란색 초 4개

8	58	59	5	4	62	63	1
49	15	14	52	53	11	10	56
41	23	22	44	45	19	18	48
32	34	35	29	28	38	39	25
40	26	27	37	36	30	31	33
17	47	46	20	21	43	42	24
9	55	54	12	13	51	50	16
64	2	3	61	60	6	7	57

1. 노란색 종이에 빨간색 펜으로 수성 Mercury의 번호들을 모두 적어 넣습니다. 머큐리는 연락과 관계있는 행성인 수성의 신입니다. 이 마법은 숫자들을 통해 소통의 길을 여는 것입니다.

2. 번호들을 다 썼으면 종이 맨 위에 연락 오기를 바라는 상대방의 이름을 적어 넣습니다. 그리고 나서 그 사람의 개인적인 물건을 이름 위에 올려놓습니다.

3. 4개의 노란색 초를 종이의 동서남북 네 모퉁이에 배치하고 촛불을 차례로 켭니다.

4. 상대방의 얼굴을 떠올리는 것에 집중하면서 다음의 주문을 외웁니다.

*"빛보다 빠른 머큐리의 힘으로
나의 부름이 빠르게 전달되어
당신은 나에게 전화하고 싶어집니다
망설임 없이 지금 당장!"*

5. 은빛 선들이 나 자신과 종이 위 물건을 엮어 빛을 발산하는 것을 심상화 합니다. 할 수 있는 만큼 그 이미지를 오래 심상화 합니다.
6. 스펠이 성공하면 소원을 들어준 머큐리 신에게 감사하며 노란색 종이를 안전한 곳에서 태웁니다.

재물에 관한 스펠

부자 마녀로 사는 스펠

은행 잔고를 높이고 싶을 때 초승달 밤에 이 스펠을 행합니다.

준비물

계피 Cinnamon 1티스푼

넛맥 Nutmeg 1티스푼

그릇과 숟가락

적은 액수의 동전 3개

더 이상 사용하지 않는 낡은 지갑

1. 편안히 앉습니다.
2. Cinnamon과 Nutmeg을 그릇 안에 넣고 숟가락으로 잘 섞습니다.

   섞으면서 원하는 정확한 은행 잔고의 액수를 상상합니다. (큰 액수를 상상하되 분수에 넘는 너무 큰 액수는 피해서 상상합니다. 너무 욕심을 부리면 스펠의 에너지가 흩어지게 된답니다.)
3. 뒷면 한 개, 앞면 두 개가 나올 때까지 원하는 금액에 집중하며 세 개의 동전을 던집니다.
4. 동전들과 가루 섞은 것을 낡은 지갑 안에 넣고

스펠을 외우며 잘 흔듭니다.

"마법의 가루여, 소원을 들어 주소서
필요한 모든 행운을 가져다 주소서"

5. 돈에 관한 서류를 놓아두는 곳에 이 지갑을 같이
   둡니다.

성공과 부를 부르는 가든 스펠

> **준비물**
> 민트 Mint : 밭에서 키우거나
> 집안에서 키우는 경우
> 자신만의 화분에 기릅니다

1. 땅바닥에 앉아서 두 손을 민트 잎들을 쓸며 손에

민트 향이 배게 합니다.
2. 두 손을 얼굴에 대고 신선한 민트 향기를 맡아 봅니다.
3. 원하는 바를 상상하며 스펠을 세 번 외웁니다.

*"제 주변의 모든 부여, 빨리 자라소서
마법은 대지에서 찾을 수 있다는 것을 알고 있습니다
성공이 긍정적으로 저의 삶에 내리고
매일 매일 저의 삶이 이 마법으로 축복받게 하소서"*

빚을 해결하는 스펠

준비물
작은 나무 막대 여러 개
빨간색 펜
녹색 냄비
퇴비
민트 Mint와 세이지 Sage 씨앗

1. 빨간색 펜으로 나무 막대에 하나씩 빚을 진 은행이나 사람의 이름과 액수를 써 넣습니다.
2. 그 나무 막대들을 두 손에 나눠 들고 두 팔을 양 옆으로 쭉 펴고 스펠을 외웁니다.

*"이 막대들은 저를 옭아매고 있는 빚을 대신합니다
이것들은 저를 힘들게 합니다
그러므로 저의 빚을 탕감해 주시고
더 나은 경제적 삶을 위해 나아가도록 해 주소서"*

3. 나무 막대들을 반으로 부러뜨리고 계속해서 작은 조각으로 만듭니다.
4. 조각난 나무 막대들을 녹색 냄비에 넣고 퇴비로 덮습니다.
5. Mint와 Sage의 씨앗을 퇴비에 심습니다. Mint는 부를, Sage는 지혜를 상징합니다.
6. 두 손으로 냄비 바닥 부분을 들고 황금빛 빛이 그 나무 막대들에서 퇴비로, 퇴비에서 씨앗으로 흘러들어 그 에너지로 씨를 충전하는 것을

상상하며 스펠을 외웁니다.

*"그러므로 저의 빚을 묻었으니
저의 미래가 번창하게 하소서
이 시간 이 후로 새 삶을 살게 하소서"*

1. 행운을 위해 냄비를 시계방향으로 3번 돌린 후 햇빛이 비추는 따뜻한 곳에 둡니다.
2. 성공했으면 정성스럽게 물을 줘서 씨앗이 자라나는 것을 보며 빚에서 벗어나 무엇을 얻었는가를 되새겨 봅니다.

갑자기 돈 들어오는 스펠

정말로 갖고 싶은 것이 생겼다면 돈이 갑자기 생길 수 있게 만드는 마법을 사용해 보면 어떨까요?

보름달이 가까운 목요일 밤에 스펠을 행합니다.

> **준비물**
> 신선한 민트 Mint 한 줌
> 반짝이는 동전 여러 개
> 샘물 담은 물그릇
> Moss Agate Crystal 1개
> 부드러운 천 1개

1. 샘물을 담은 그릇 안에 신선한 민트 한줌과 반짝이는 동전 몇 개를 넣고 달빛 아래 놓아둡니다.
2. Moss Agate Crystal을 손에 쥐고 물그릇의 물 위로 펜타그램을 그리며 다음의 주문을 외웁니다.

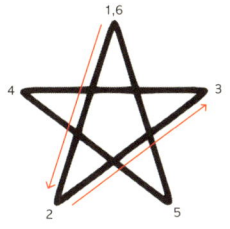

*"달이 커지면서 이 스펠도 커지고
저의 재물도 커집니다*

필요한 것은 나에게 오나니

흙이여

공기여

물이여

불이여

이루어지게 하소서

이루어지게 하소서

이루어지게 하소서

이루어 지도다"

3. Moss Agate Crystal을 물속에 넣고 달이 보름달이 될 때까지 물그릇을 그대로 달빛 아래 놔둡니다. 그러는 동안 Moss Agate Crystal은 물과 Mint의 에너지를 흡수하게 됩니다.
4. Moss Agate Crystal을 물속에서 꺼내서 부드러운 천으로 감쌉니다.
5. 이 스펠을 작동시키고 싶을 때마다 이 Moss Agate Crystal을 문지르면서 무엇 때문에 돈이 필요했는지를 상상합니다.

6. 스펠이 성공할 때까지 가끔씩 재충전을 위해서 이 스펠을 반복합니다.

건강에 관한 스펠

정신 건강을 위한 스펠

쓸데없는 걱정과 잡생각을 제거해주는 스펠입니다.

달이 작아지는 시기에 스펠을 합니다.

준비물
차콜 1개와 내화성 그릇 1개
쥬니퍼 베리 Juniper Berries 1스푼
연한 파란색 초 15-20cm 1개
검은색 초 15-20cm 1개
걱정거리만큼의 장미 가시

1. 차콜에 불을 붙이고 그 위에 쥬니퍼 베리를 뿌립니다.
2. 파란색 초를 켭니다.
3. 손바닥 사이에 검은색 초를 들고 눈을 감고 당신을 불안하게 하는 일들에 집중합니다.
4. 그것들이 검은 구름이라고 상상하고 그 검은 구름이 자신에서부터 빠져나와 들고 있는 검은색 초 속으로 빨려 들어가는 것을 상상합니다.
5. 검은색 초를 파란색 초의 촛불에 대고 초의 양옆이 어느 정도 녹아 부드러워지게 합니다.
6. 장미 가시들을 하나씩 부드러워진 초에 눌러 박으며 걱정거리를 소리 내어 말합니다.

예를 들어
"나는 시험 합격에 대한 걱정을 말끔히 없앤다"

7. 모든 걱정 스펠을 마친 뒤 검은색 초를 켜며 스펠을 외웁니다.

"초가 탐으로서 나의 불안감이 해소될 것이다
초가 탐으로서 이 가시들이
모든 걱정들을 없애 버릴 것이다"

가족의 기쁨과 건강을 위한 스펠

허브들 중 파슬리는 집안에 풍요롭고 건강한 에너지를 발산함으로서 그러한 환경을 만들어 주는 작용을 합니다. 아주 가볍게 쉽게 할 수 있는 스펠이니 매주 하면 좋겠지요.

목요일에 스펠을 합니다.

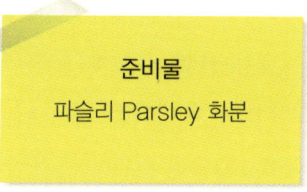

준비물
파슬리 Parsley 화분

1. 부엌에 파슬리 화분을 놓고 충분한 물과 햇빛을 주면서 잘 기릅니다.

2. 파슬리 화분을 두 손에 들고 파슬리의 건강한 에너지가 발산되어 집안을 가득 채우는 것을 상상하며 스펠을 세 번 외웁니다.

"이 푸르고 생동감 있는 파슬리를 축복해 주소서
평화를 주시고
보이지 않는 부정적인 것들을 없애 주소서
이 마법의 허브로 스펠을 불러일으키니
오랫동안 가족의 기쁨과 건강을 가져다 주소서"

3. 이 파슬리를 요리에 사용해도 좋습니다.

병을 치유하는 스펠

병이 멀어질 수 있게 달이 작아지는 시기의 월요일에 행합니다.

준비물

하얀색 조약돌 : 자연적으로 만들어진
타원 모양으로 손안에 잡을 수 있을
만큼의 크기
뾰족한 철못 1개
하얀색 티캔들 1개
면포 10cmX20cm
바늘 1개
하얀색 실 60cm
검은색 끈 22.5cm

1. 방 전체를 큰 흰색 원이 감싸고 있는 것을 상상합니다.
2. 못을 사용해서 심지를 중심으로 티캔들 위에 X 모양을 그리고 스펠을 외웁니다.

"안 좋은 것들이 제거됐다
그리고 질병이 떨어져 나갔다"

3. 티캔들에 불을 붙이고 면포를 반으로 접은 후 옆선을 하얀색 실로 꿰매어 주머니 모양을 만들어 줍니다.

4. 조약돌로 아픈 부위를 문지르고 아픈 부위에서 검은색 연기가 뿜어져 나와 조약돌 속으로 들어가는 것을 상상하며 스펠을 외웁니다.

"그믐달의 여신이여!
이 돌에 있는 것을 가져 가소서"

5. 다 끝나면 만들어 놓은 면포 주머니에 넣어 검은색 끈으로 단단히 묶은 후 강이나 샘물에 던집니다.

일상생활 속의 스펠

충간 소음 스펠

 누군가 자기가 사는 아파트나 옆집 사람이 이사 가길 원한다면 보름달 전날 석양이 질 때 쯤 이 스펠을 합니다.

 집 안에서 혼자 조용히 있을 수 있는 성스러운 공간을 확보해야 합니다.

준비물
노란색 초 1개
소금 1티스푼
올리브 오일 반 컵
닭 깃털 1개

1. 노란색 초를 켜고 소금을 올리브 오일이 담겨져 있는 컵에 넣습니다.
2. 닭 깃털을 들고 스펠을 외웁니다.

 "카우다 드라코니스 Cauda Draconis,
 당신의 도움이 필요한 이 때 저를 도와 주소서
 (사람이름)이 저로부터 멀리 이사 가기를 바랍니다"

*Cauda Draconis : 용의 꼬리란 뜻을 가진 점성학적 고대 신

3. 닭 깃털을 올리브 오일에 담그고 나서 아무도 보지 않을 때 자신의 집 앞 땅바닥과 그 이웃의 집 앞 땅바닥을 씁니다.

지하철 스펠

매일 출퇴근 시간 번잡스러운 지하철을 타고 내릴 때 사람들에게 치여서 고생스러운 경우에 행하는 스펠입니다.

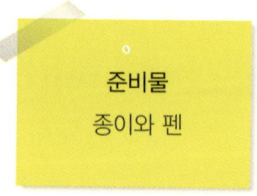

준비물
종이와 펜

1. 스펠을 하기 전 연습과 준비가 필요합니다. 종이에 펜으로 다음의 상징들을 안보고도 언제

어디서나 그릴 수 있게 연습합니다.

화살표 : 당신이 가는 길에 에너지를 부여
펜타그램 : 마법의 힘의 완성
번개 : 당신의 앞길을 방해하는 요소들을
　　　치우는 에너지
금성 Venus : 즐거운 여행
화성 Mars : 보호 에너지
목성 Jupiter : 행운과 행복
수성 Mercury : 쉬운 여행

2. 오른 손바닥에 왼손 검지로 7개의 상징들을 그립니다.
3. *나지막이 "비아 아페리오(Via Aperio)" 라고* 소리를 냅니다.
4. 왼손으로 오른손 윗부분을 세 번 칩니다.
5. 그리고 나서 마법 에너지가 자신의 앞에 펼쳐지며 내 앞길이 뻥 뚫린 것을 상상합니다.

지하철뿐만 아니라 언제 어디서나 필요할 때 사용할 수 있습니다.

여행 스펠

달의 첫 번째 월요일에 행합니다.

준비물
가고 싶은 곳의 사진이 들어있는 여행 책자 1-2개
휴가 및 여행 패키지 스크랩 1-2개
거울(가능하면 전신 거울)
스카치테이프
녹색 펜이나 크레용

1. 바닥에 여행 책자들과 스크랩을 놓고 가장 가고 싶은 곳을 고릅니다.
2. 손에 고른 것을 들고 스펠을 외웁니다.

"머큐리 Mercury의 날개로 자유롭게 날게 하소서"

3. 테이프로 고른 스크랩 전면이 거울 쪽을 향하게 붙이고나서 자신을 바라보는 면에 녹색 펜으로 숫자 7을 씁니다.
4. 몇 분간 원하는 여행에 집중하며 눈을 감고 숨을 고르고 깊게 쉽니다.
5. 걱정거리 없는 행복한 생각을 하며 자신에게 얼마나 이 여행을 가고 싶은지 말합니다.
6. 적어도 12일 동안 붙여놓은 스크랩을 그대로 두고 그 앞을 지나칠 때마다 휴가를 갔을 때의 편안하고 멋진 시간을 갖는 기분을 상상하도록 합니다.

누워서 떡먹기 스펠

서양에선 떡이 없기 때문에 케이크을 사용해 'Piece of Cake'이라고 말합니다. 이 스펠은 부엌에서

케이크을 구우면서 하는 스펠입니다.

무슨 일을 할 때 생각보다 일이 잘 안 풀리고 예상치 못한 방해들이 일을 가로막을 때 헤쳐 나가기 위한 돌파구가 필요합니다. 이 때 이 스펠이 도움을 줄지도 모릅니다.

사랑 문제에는 초콜릿이나 딸기, 돈관련에는 계피나 민트, 마음의 평화를 위해선 아몬드나 바닐라의 재료를 사용합니다. 날짜나 요일은 목적하는 바에 따라 상응하는 날을 정합니다.

준비물
케이크 믹스(혹은 자신만의 케이크 반죽 레시피)
식용 색소(목적에 따라 색깔 선택)
큰 그릇
큰 숟가락
케이크 팬
초(목적에 따라 색깔 선택)

1. 오븐을 예열합니다.
2. 큰 그릇에 케이크 믹스를 넣고 케익반죽을 만듭니다. 원하는 바에 집중하면서 그 소망이 반죽에 스며드는 것을 상상하며 반죽을 만듭니다.
3. 목적과 상응하는 색깔의 색소를 첨가합니다.
4. 목적이 어떤 에너지를 높이거나 끌어오는 것이면 상상하며 반죽을 시계방향으로, 에너지를 감소시키거나 제거, 제한하는 것이면 반시계방향으로 큰 숟가락을 이용해서 휘젓습니다.
5. 반죽을 케이크 팬에 담아 오븐에 넣어 굽습니다. 다 구워지면 꺼내서 식힙니다.
6. 크림 역시 목적에 상응하는 색의 색소를 넣어 만듭니다.
7. 원하는 목적의 심볼이나 사진, 글자 등을 올려 장식을 합니다.
8. 목적에 상응하는 초의 색깔과 개수를 케이크에 꽂아 장식합니다.
9. 촛불을 켜고 소원을 빈 후 촛불을 불어 끕니다.
10. 혼자서 다 먹어도 되지만 같은 소원을 가진

사람들과 나누어 먹으면 그들은 이 스펠의 지원자가 되어 스펠의 힘을 증폭시키는 역할을 합니다.

집 찾기 스펠

보름달에 스펠을 합니다.

> **준비물**
> 펜
> 풀
> 가위
> 두꺼운 종이

1. 두꺼운 종이에 찾고 있는 집의 그림이나 사진을 붙이거나 직접 스케치를 합니다. 그리고 나서 그 집에 대해 원하는 바를 글로 써서 포스터를 만듭니다.
2. 완성 한 후 소원을 상상합니다.
3. 이 포스터는 시각적인 것이어서 매우 강력합니다.

다니면서 항상 볼 수 있는 곳에 붙여 둡니다.
4. 볼 때마다 그 집에서 가족들이 행복하게 살고 있는 모습을 상상합니다. 갈수록 점점 더 선명하고 세세하게 시각화 시키도록 합니다.
5. 다른 가족들도 같이 하도록 합니다. 동참하는 사람이 많을수록 이 스펠의 에너지가 강해져 성공의 날이 더 빨리 다가옵니다.

CHAPTER 12

그림자의 책

 마녀들은 모두 솔리터리 위치이기 때문에 다른 사람에게서 배우는 것이 아닌 피로 전승된 능력과 존재를 체험하며 살아갑니다. 그러므로 마녀들은 이러한 경험과 지식들을 기록해 두는 습관이 있습니다.

 북 오브 쉐도우 Book of Shadow, 그림자의 책은 리추얼 방법과 과정, 스펠 등 마법에 관한 모든 걸 개인적으로 기록하는 책입니다. 한마디로

위치크래프트에 관한 모든 것들을 편집하여 정리한 마녀들의 일기장이라고 할 수 있지요. 마녀 개개인의 조상들이 남긴 북 오브 쉐도우는 마법을 할 때 많은 도움을 주는 참고가 되기 때문에 매우 중요한 자료입니다.

북 오브 쉐도우는 실제 에너지가 쓰인 실제의 스펠이 아닌 마녀의 작업을 기록한 것으로 쉐도우(그림자)란 단어는 단지 작업의 진행이나 느낌만을 기록 할 뿐이며 실제 쓰여지는 에너지의 본질을 기록 할 수는 없기 때문에 이 책을 북 오브 쉐도우라고 부릅니다.

이 책 커버의 색은 어떤 색이든 상관없으나 어떤 글씨도 쓰여지지 않은 백지를 선택하는 것이 좋습니다. 선이 그려진 노트도 괜찮습니다. 정해진 형식이 있는 것이 아니기 때문에 개인의 취향에 맞게 꾸미면 됩니다. 다만 오랫동안 기록하며 간직해야 하므로 두꺼운 커버와 쉽게 찢어지지 않는 종이 질을 선택하는 것이 좋을 것입니다.

북 오브 쉐도우에 의식을 기록하는 양식의 예:

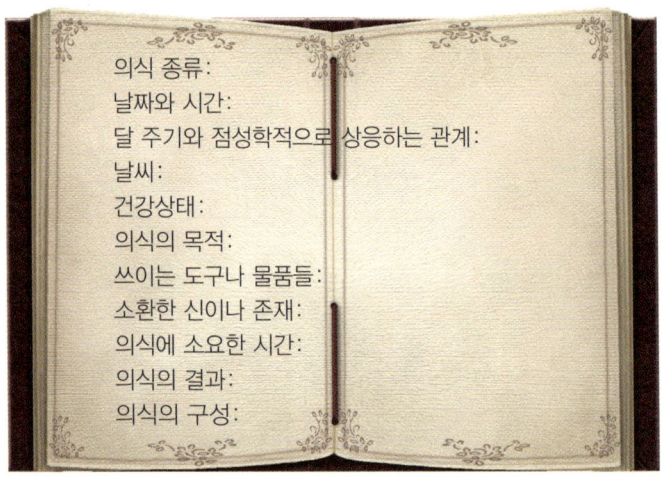

의식 종류:
날짜와 시간:
달 주기와 점성학적으로 상응하는 관계:
날씨:
건강상태:
의식의 목적:
쓰이는 도구나 물품들:
소환한 신이나 존재:
의식에 소요한 시간:
의식의 결과:
의식의 구성:

이런 식으로 리추얼이나 스펠에 대해 상세하게 기록하는 것은 나중에 자신이 무엇을 했고 하지 않았는지 구분을 할 때 유용합니다. 또한 실패와 성공을 기록하여 분석함으로서 마녀로서의 성장과 발전을 할 수 있는 중요한 도구로서의 역할도 할 수 있습니다.

사람들이 말하는 마법서란 바로 이 그림자의 책이랍니다.

그림자의 책도 하나의 마법도구로서 정화를 해 주면 좋겠지요. 정화 허브를 태워서 그 연기를 쪼이는 것이 일반적으로 가장 간단하게 그림자의 책을 정화하는 방법입니다.

자, 그럼 이제 당신은 마녀가 될 준비가 되었습니까?

출판기획 성숙한삶은 지성을 통한 자유로운 삶을 꿈꾸며 탄생된
지식 큐레이션 그룹 성숙한삶의 출판사업부입니다.
H+와 휴머나이징이 우리가 풀어갈 담론들입니다.

위치크래프트 자유로운 영혼의 삶

펴낸날	초판 1쇄 2016년 7월 22일
지은이	박한진 | 박기주
펴낸이	강형주
기획·편집	박기주
펴낸곳	(주)성숙한삶
주소	서울특별시 강남구 강남대로84길 15, 721호
전화	(02)830-7555
홈페이지	www.livingmature.co.kr
이메일	Livingmature.publish@gmail.com

ISBN 979-11-87309-01-7 03160

▶판권표시
이 책은 저작권법에 따라 보호받는 독창적인 저작물이므로 무단전재와 무단복제를 일체 금하며, 이 책의 내용 전부 또는 일부를 이용하려면 반드시 저작권자와 지식문화공동체 성숙한 삶의 서면 동의를 받아야 합니다.

▶잘못 만들어진 책은 서점에서 교환해 드립니다.

값 15,000원

이 도서의 국립중앙도서관 출판예정도서목록(CIP)은 서지정보유통지원시스템 홈페이지(http://seoji.nl.go.kr)와 국가자료공동목록시스템(http://www.nl.go.kr/kolisnet)에서 이용하실 수 있습니다. (CIP제어번호 : CIP2016016418)